积极教育心理学

朱可可

西苑出版社
XIYUAN PUBLISHING HOUSE
· 北京 ·

图书在版编目（C I P）数据

积极教育心理学 / 朱可可著 . -- 北京 : 西苑出版社 , 2023.1
ISBN 978-7-5151-0862-9

Ⅰ . ①积… Ⅱ . ①朱… Ⅲ . ①教育心理学 Ⅳ . ① G44

中国版本图书馆 CIP 数据核字 (2022) 第 242710 号

积极教育心理学
JIJI JIAOYU XINLIXUE

责任编辑　樊 颖
封面设计　末末美书
出版发行　西苑出版社 XIYUAN PUBLISHING HOUSE
地　　址　北京市朝阳区和平街 11 区 37 号楼 邮政编码：100013
电　　话　010-88636419
印　　刷　三河市嘉科万达彩色印刷有限公司
经　　销　全国各地新华书店
开　　本　880mm×1230mm 1/32
字　　数　160 千字
印　　张　7.5
版　　次　2023 年 1 月第 1 版
印　　次　2023 年 1 月第 1 次印刷
书　　号　ISBN 978-7-5151-0862-9
定　　价　49.80 元

前言

PREFACE

教育能改变一个人的命运吗？这个问题没有定论。

没有人会拿自己的人生去检验一个不知道对错的命题，也没有人能拿别人的人生去检验这个命题。但显而易见的是，就目前社会形势来看，教育是个体实现阶层跃迁的最常见的形式。

近些年，关于“寒门难出贵子”“读书无用论”的说法时有出现，读书对个体实现人生价值真的毫无用处吗？显然不是，有很多人通过教育打破了贴在自己身上的标签，比如我。

我上初中的时候，同伴群体闹辍学闹得很凶，以至于很长一段时间我也只想辍学，出来混社会，挣大钱，但我父亲的一句话打消了我幼稚的想法。父亲说：“读书是最容易的事了，连书都读不好，你觉得你能做好其他的事情吗？”

离我上初中已经过去八年了，现在想来，我仍然无比感谢父亲的教诲和当初没有放弃的自己。可以说，是父亲的教育改变了我的一生。

但对孩子产生消极影响的父母也有很多，沉迷玩乐的父母忽视孩子，强势的父母完全剥夺孩子的自主权，还有些性情暴烈的父母动辄苛责与谩骂孩子。这样的例子也很常见。

有一句话非常触动我：“这世界上，任何事都有课程可以学习，唯独当父母这件事，没有什么课程和考试。”所以什么样的人都能成为父母，都能教育孩子。

有人说，如何做父母，是这世界上最应该有却不存在的课程。

对父母来说，怎样教育孩子是一个经久不衰的话题。从孩子出生起，父母就时刻关心孩子如何能健康成长；孩子三四岁的时候该学习什么，才不会输在起跑线上；孩子六七岁进入小学后，在学校会不会受欺负，如何和其他孩子交往；孩子十几岁时，如何引导孩子度过青春期，性教育是否有必要，孩子会不会和不良人士接触；再到孩子高考后，大学和专业方向的选择，毕业后的职业选择，以及恋爱、结婚、生子……父母都会有自己的看法。

但更关键的是，父母能不能理解孩子是怎么想的。这一点尤为重要，父母的主观想法可能会有失偏颇，孩子有自身的考量，他们怎么想也很关键。这一点，在本书中的第三章我们会做详细而具体的介绍。

在沟通的基础上，了解孩子的想法，因势利导，对孩子的培养和教育做规划，才是合格的父母应该具备的素质。时刻关注孩子成长过程中的性格问题、情绪问题以及各方面能力的成长，在必要的时候帮助孩子解决问题，渡过难关，这是合格的家庭教育应该做到的事情。

回到开头那个问题，教育能改变一个人的命运吗？这个问题依旧没有定论。但教育能改变一个人的生活吗？答案很肯定，正如心理学家阿德勒曾说："幸福的童年治愈一生，不幸的童年需要一生来治愈。"

家庭教育对孩子的成长至关重要，这也是本书写作的初衷。

为了帮助孩子健康快乐地成长，通过教育为孩子的人生带来更多的机会，本书通过六章内容来帮助父母理解家庭和家庭教育对孩子的意义，以及在孩子的成长过程中，家长能做些什么可以帮助孩子成长。

本书会通过多位心理学家的理论对孩子在成长教育过程中遇到的各种问题进行分析，无论是孩子能力发展的关键期，情绪问题的处理，心理防御机制的使用，还是自卑、孤独、自我价值感的缺失，健康性格的养成，抑或性格对未来职业规划的影响等，这些问题都会在书中一一进行详细介绍。

希望读者能从本书中获得关于家庭教育的启发，从而在孩子成长过程中给予其真正需要的帮助。

目录
CONTENT

第一章
儿童青少年的养育关键期

幸福的童年治愈一生，不幸的童年需要一生来治愈。

导 语

对家长来说，应该将孩子按照自己期望的方向去培养，德、智、体、美、劳全面发展，成为社会需要的人才；还是按照孩子的兴趣爱好选择其发展方向，放任其自由快乐地成长，是每位家长从孩子出生起就一直在讨论实践，并不断和其他家长交流探讨的话题。

为什么别人家的孩子爱干净还听话，一副乖宝宝的模样，我家孩子就淘气调皮，说啥都不听？为什么别人家的孩子就喜欢出去玩，我家孩子却只喜欢待在屋里，一天到晚找妈妈？为什么隔壁的孩子温柔安静，喜欢看书，我家孩子就爱生气，脾气古怪，还喜欢看电视？更令家长们恨不得愁白了头发的是，为什么邻居家的孩子从小学习就好，平时也没见他怎么上补习班，而我家孩子就听不懂老师讲什么，学不进去，成绩不好？

每位家长在培养自家孩子的过程中一定都遇到过类似的问题，那么，究竟是什么原因导致年龄不大的孩子们之间存在这么大的差异呢？孩子的性格和行为表现究竟是先天如此，还是后天养成的呢？心理学关于儿童心理发展问题的研究或许能给你一些启发。

一直以来，心理学家关于儿童性格、行为、习惯养成的过程以及动力来源等问题，争论不休，早在心理学还从属于哲学阶段开始，就有“白纸说”和“大理石论”两种观点。洛克认为，人从出生起就是一张干净无瑕的白纸，这张纸最后呈现出什么样的内容，完全取决于后来的引导、教育和经历，每一次经历就好像有人在纸上涂画，涂抹的黑色越多，个体就表现得越消极阴郁；相反，如果个体遇到的经历更多的是积极正面的，白纸就会呈现出更多的暖色，个体的表现也就更加积极向上。

“白纸说”代表了后天论的观点，以华生为代表的行为主义学派是后天论的重要代表，他们主张个体的行为受到环境的影响更大，遗传的作用有限。华生甚至声称，给我一打健康的婴儿，我能把他们培养成不同的人才。

而另一个派别更重视遗传的作用。莱布尼茨曾做过这样一个比喻：所有人来到世间都是一块大理石，我们穷极一生雕琢自己，只是为了让原本的自己得以展现出来。换句话说，我们作为自己的雕刻家，在雕刻自己这块大理石之前，早已在脑海中构建好了我们最后的模样。遗传更重要的观点被许多优生学和统计学的学者认可，并导致了迫害其他种族、灭绝原住民等恶性反人类事件的发生，因此逐渐被优育学所代替。

孩子的行为举止和表现究竟受遗传影响更多还是后天教养影响更多，这个问题依旧悬而未决。但对家长来说，我们只能改变我们能改变的，充分发挥人的主观能动性，为孩子的成长提供更好的条件和引导。只要教育引导做好了，就能为儿童提供更好的发展机会。因此，家长需要了解孩子成长过程中影响其未来发展的一些关键节点，在这些时间点上给予孩子足够的重视和帮助，才能更好地帮助孩子成长。

本章将介绍四位著名的发展心理学家的重要理论，根据其讨论对儿童的教育，尤其是儿童的语言学习、性格养成、习惯形成以及问题避免等方面提出相应的建议。

第 1 节我们会讲述以乔姆斯基为代表的语言学家和心理学家如何理解儿童的语言学习，并根据现有研究结论对儿童的语文、英语学习提出适当的建议。

第 2 节我们会介绍精神分析学创始人弗洛伊德的儿童发展理论——五阶段论，弗洛伊德对儿童发展阶段的划分正符合了其心理学主张——力比多万能论。本节我们会探讨儿童早期的一些奇怪行为以及这些行为背后的深意。家长要以健康开放的态度看待儿童行为，只有保护儿童正常的需要，儿童才能获得幸福的童年，而这样做更大的好处，便在于儿童成年后拥有健全健康的人格和三观。

第 3 节我们会讲述皮亚杰对儿童发展阶段的探索。皮亚杰通过对儿童的细致观察和实验，对儿童发展阶段进行总结，形成了儿童的四阶段发展理论。我们还会介绍儿童认知发展的基本阶段。

第 4 节我们会介绍社会心理学家埃里克森的人生发展八阶段论。埃里克森指出，个体毕生发展的每个阶段，都对应有当前阶段应该完成的任务，只有这一阶段的任务或冲突得到完美的解决，个体才能正常健康地生活。

在对上述四节的讲述中，我们会看到很多教育和培养儿童的案例与技巧，希望读者能仔细阅读，根据自家孩子的情况选择适合的教育方式，对家庭教育做出有利的改变。

第1节　语言习得：语言关键期的帮助

孩子的学习对家长来说是一件非常重要的事，对这件事的关注，从孩子出生开始就伴随着家长，一直到孩子成家立业。

在对孩子学习的担忧中，很大一部分是对孩子的语言学习的担忧。具体来说，就是对孩子语文和英语学习的担忧，既包括语言的应用、理解，也包括语言的听说、表达和写作。相关研究[1]发现，中国的学生学习英语花费的时间是全世界最多的，但学习效果是全世界最差的，原因在于，在中国的日常生活情境中，英语几乎没有任何应用。但很奇怪的一点在于，雅思、托福等英语类语言考试项目的最高分又几乎都是中国人创造的。

为什么同处于英语非母语的环境中，有的人能流利自如地应付语言类考试，而有的人却因为语言类考试不利，和心仪的学校失之交臂呢？家长如果能了解这其中的关键，就能让自己的孩子在其个人发展中占有优势。

乔姆斯基关于语言学习的理论或许能解释上述问题。

乔姆斯基的语言获得装置理论

对于语言的习得，学术界一直有先天论和后天论的争论。先

1　桂诗春．中国学生英语学习心理[M]．长沙：湖南教育出版社，1992.

天论认为，人类的语言学习天赋是先天遗传的，某一因素（如父母的基因、大脑脑区等）决定了个体的语言学习天赋，这是人类与生俱来的语言能力。

例如，颅相学认为，眼睛明亮的人，记忆力会比较好，是先天的基因遗传给予孩子的初始条件决定了孩子的语言能力[1]。后天论或经验论学者则强调，后天经验学习是语言获得的经验和基础。行为主义认为，可以通过引导和足够的信息刺激来促进孩子的大脑发育，从而获得领先发展优势。

乔姆斯基认为，人类的不同语言之间存在一种基本的语言形式，他将其称为普遍语法。人类习得语言的时间和方式也存在普遍性，例如，儿童一般在一岁左右能发出一些简单的音节，两三岁就能掌握一些简单的词语，三四岁就能表达一些简单的句子。

根据这样的现象观察，乔姆斯基假设人脑中有一种先天的对语言进行加工的装置，叫作语言获得装置（Language Acquisition Device，LAD）。[2] 外界提供给儿童的原始语言材料经过语言获得装置进行加工，儿童由此获得了语言的句法规则，并逐渐建立起儿童的语法体系。

这就是为什么孩子在表达时会出现“要那个”这种很简短，没有主语和指代的句子，这是孩子语法加工不足产生的结果。乔姆斯基认为，正是语言获得装置的存在，使儿童能从有限的句子中提取语法，并理解那些他们从未听过的句子。

乔姆斯基是先天论的代表人物，但在对具体教育和语言习得

1　叶浩生 . 心理学史 [M]. 上海：华东师范大学出版社，2009.

2　彭聃龄 . 普通心理学（第 5 版）[M]. 北京：北京师范大学出版社，2018.

过程的论述中，乔姆斯基的主张更像是后天论。乔姆斯基主张，孩子大脑中存在语言获得装置，但若想要该装置得到充分的发展，则需要丰富的语言材料进行持续不断的刺激。

根据乔姆斯基的理论，儿童的语言习得需要依赖其收集到的语言材料，如果父母能在儿童语言习得的过程中加入更多的英语句子，或许有助于儿童更好地掌握英语。除了乔姆斯基的语言获得理论，心理学关于语言习得较为一般的理论是语言习得的关键期假说。

关键期假说

所谓关键期，是指儿童的语言习得是阶段性的，不同阶段和时期，儿童对语言的敏感程度不同。语言关键期是指儿童对语言习得最敏感的时期。如果父母能帮助儿童把握这个时期，儿童学习语言能力就会得到发展，学起来就能事半功倍。

大脑发展的关键期概念，是由英国学者戴维·休伯尔等人于20世纪60年代提出的。

研究发现，刚出生的猫或者猴子通过手术缝上眼皮后，数月后虽然能再打开它们的眼皮，但这些动物无法再获得视觉信息，即使它们的视觉生理机制是正常的。据此，休伯尔等人提出了视觉机能发展的关键期概念。

近30年来，数以百计的脑科学家对“关键期”做了大量的研究，并发现大脑的不同功能的发展均存在关键期。对于语言学习来说，音韵的学习关键期在幼年，语法的学习关键期则在大约16

岁之前。也就是说，家长如果希望孩子能赢在“起跑线”上，那么对孩子语言学习的发掘，最好集中在16岁之前，而在这之后对孩子的学习进行帮助的收效，远不如在关键期时获得的效果。

语言的学习阶段

有学者经过研究发现，虽然不同的语言在性质上有所差异，但人类获得语言的过程有着惊人的相似性。

儿童口语的获得，大致年龄和各阶段特征有：0 ~ 9个月的孩子能够分别语音刺激和其他刺激，这一阶段孩子还无法分辨发出声音的对象，也就是无法分辨声音来自父母还是陌生人，但他们已经能够将语音刺激和其他外界刺激分离开来；9 ~ 12个月的孩子能说出一些简单的指示词，例如“要”“不”“好”；18 ~ 24个月大的孩子已经可以两个字两个字地说话，例如喊“爸爸”“妈妈”“哥哥”等；3 ~ 4岁的孩子能表达基本符合句法的句子，例如“我要吃苹果”；7岁以前，孩子就能掌握基本的语法结构，表达清楚自己的意思。

送给家长的教养策略

了解了上述理论之后，家长能为孩子的语言习得提供哪些帮助呢?

1. 合适的语言环境

要在幼儿期为孩子创造合适的语言环境。例如，如果想让孩子学好英语，那就在家中多播放英语电影、电视剧，以补足家中没有英文语境的局限；如果有条件，可以使用英语进行日常对话或请英语家教，也可以在孩子幼儿时期给其报幼儿英语班，让孩子充分接触英语环境。

家庭生活中要注意表达的规范和合理，多鼓励和引导孩子表达，只有吸收足够多的语言材料，提取足够的语法规则，孩子才能更好地获得语言、更好地理解语言。同时要规避一些坏习惯，如避免在孩子面前说脏话，说些孩子还不能理解的网络用语等，以免影响到孩子正常的语法规则习得。

2. 严谨的语言表达

要注意语言表达的严谨和逻辑，尽量在孩子面前保持语言的合理和连贯，少使用语气词和指代词，尤其是在孩子还无法理解语境时，太多指代词会导致孩子难以吸收句法规则，从而影响其语言的习得。任何不利于孩子正常语法规则积累的语言表达都应该少在孩子面前表现，这就要求家长尤其要重视孩子自己观看电视时电视上的语言表达。

可以的话，家长应从网上下载语言相对严谨准确，易于理解的动画片给孩子看，例如，上海美术电影制片厂的一系列作品——《葫芦娃》《没头脑和不高兴》《小蝌蚪找妈妈》等，都是很好的语言表达材料。

3. 尊重语言发展规律

注意孩子的语言习得关键期，在合适的时间段尊重其语言习得的客观规律，引导孩子尽快掌握该阶段的语言能力。例如，0 ~ 9 个月的孩子如果不能掌握发音，尤其是不能发出咿咿呀呀的语言学习信号，家长就应该在快到九个月的时候多逗孩子说话，引导孩子尽快完成本阶段的语言任务。

家长一定要重视语言发展关键期，这个阶段是儿童形成语言能力的最好时机，合理引导往往能达到事半功倍的效果。家长可以尝试找些语言表达简单流畅的动画片给孩子看，当然要注意动画片的价值观问题。

对于掌握母语来说，家长在日常生活中要加强与孩子的沟通，实时耐心地回复孩子的疑问，引导孩子多说。而对于掌握一门外语，比如英语，如果有条件，最好可以给孩子报英语口语班，让孩子和自己年龄差不多的孩子一起练习口语，或者让孩子和口语发音很好的英语老师学习，会起到非常好的效果，为孩子以后学习英语打下良好的基础。这样，在未来孩子就不会走弯路、歧路，在学习方面的畅通无阻也有助于孩子对学习产生浓厚的兴趣。要知道，很多孩子产生厌学情绪就是从接触英语开始的，如果能利用好语言发展关键期，帮助孩子养成良好的英语习得习惯，孩子的英语学习就会得心应手。

4. 加强沟通引导

上面我们也提到了，要想让孩子养成良好的语言能力，就要多和孩子沟通交流。语言必须得到应用和锻炼才能更好地被掌握，所以家长要多在日常生活中鼓励孩子进行表达。语言只有在日常应用中不断积累和纠错，才能获得更好的发展。

此外，家长和孩子的沟通有助于促进亲子关系，也有利于家长了解孩子内心的真实想法，根据孩子的想法和兴趣，因时因地，调整对孩子的期望和培养。

第 2 节　行为养成：行为关键期的帮助

养育幼儿的家长一定遇到过这样的情景：有的孩子喜欢舔手指，有的孩子喜欢随地大小便，有的孩子会突然冲向自己要亲亲，还有的孩子会不停往嘴里放东西。初为父母的家长对这些古怪的行为一定非常诧异。

这些在成年人看来很异常的行为，在有些心理学家看来再正常不过了，甚至这些异常行为表现出了儿童更多的特点。精神分析学派就是这些心理学家的代表。精神分析学派早期以分析个体的异常行为甚至是一些精神疾病为主要关注点，弗洛伊德正是儿童异常行为的研究和观察大师。

有些孩子喜欢满身泥泞地到处跑，有时候还会表现出极强的破坏欲；有些孩子吃东西时会不停地往嘴里塞，都吃吐了还要往嘴里塞；有些孩子四五岁了还不能控制自己的大小便。对于这些现象，弗洛伊德关于儿童成长阶段的划分或许可以给家长们一个合理的解释。

精神分析理论

奥地利心理学家弗洛伊德以精神分析理论著称于世。[1] 在研究

1　叶浩生 . 心理学史 [M]. 上海：华东师范大学出版社，2009.

了诸多异常行为和精神疾病患者后，弗洛伊德提出，存在于个体异常行为背后的动因是“性”，弗洛伊德称为“力比多”，人的行为大多是受力比多驱使的。

力比多使人存在两种本能：生本能和死本能。生本能是指个体努力生存下来的本能，如锻炼、保健、吃药、打针等个体为了自身存续而做出的行为；死本能则是指个体毁灭自己，伤害自己的一种欲望，如熬夜、打游戏、成瘾、放纵等。人在生死本能的交叉冲突中逐渐成长。

弗洛伊德认为，人的潜能和潜意识如同隐没在水下的冰山，受制于社会道德规范，个体的力比多在多数情况下无法得到释放，只能被压抑，而压抑的部分会在梦境中得到演化。人的大多数死本能都通过梦境的方式被释放掉，但有些时候，个体的力比多极其充沛，这就需要一些意识层面的外在方式来发泄。成年人一般表现为奇怪的癖好，例如，有人有暴食症，有人喜欢收集宝石，还有人喜欢不停地擦拭窗台，等等。怪异行为是力比多的一种发泄方式。儿童有时也会表现出异常行为，例如，破坏欲强烈，对人粗暴野蛮等，这些都是儿童发泄力比多的方式，家长不必太计较。

弗洛伊德的精神分析理论在解释成年个体的异常行为上较为适用，而关于儿童的异常行为，弗洛伊德在长期观察之后提出了儿童成长的五阶段论。

儿童成长的五阶段论

弗洛伊德根据对儿童的观察提出，儿童同样存在力比多，和成年人不一样之处在于，儿童的力比多在不同时期，涌向不同的身体器官，形成性敏感区。根据大多数儿童的行为表现，弗洛伊德将儿童的成长分为五个阶段。

1. 口唇期

这个时期的婴儿喜欢通过吮吸、吞咽和咬等行为释放力比多，该阶段主要集中在婴儿出生到1岁时。这个时期，家长要注意不要让婴儿吃脏东西，尤其是塑料玩具，可以购买磨牙棒、奶嘴等用于满足婴儿对口唇的刺激。这个阶段也是婴儿体重、身高增加的一个关键期，家长可以多做婴儿喜欢吃的高营养、高蛋白的食物，例如，坚果棒、奶制品等，既有利于满足婴儿的口唇欲望，又有利于儿童的身体健康发育。[1]

2. 肛门期

这个时期儿童的力比多集中在肛门，儿童喜欢排泄，为了实现这一目的，有些儿童会刻意吃很多东西以尽快满足排泄的快感。这个时期主要在1～3岁，此时儿童成长很快，但如果家长不注意引导，儿童就容易养成随地大小便的恶习。家长要注意教导儿童使用马桶，以及对马桶的清洁。这个时期的儿童逐渐开始理解大人语言的含义，这时候家长要注意将社会规则引入儿童的价值观，例如，有些地方不允许排泄，有些地方要注意形象。

1 叶浩生．心理学史 [M]. 上海：华东师范大学出版社，2009.

3. 性器期

这个时期的儿童开始对性器官产生好奇，有些儿童会经常抚摸自己的性器官，但也有一些儿童会表现出对他人性器官的好奇，甚至有的儿童会由于不慎使用尖锐器物导致自身受损。这个时期主要在 3 ~ 5 岁，这时候的家长一定要注意引导孩子形成正确的身体观念，尤其要注意孩子自身的生殖健康，预防身体被自己划伤、烫伤，或者防止孩子骚扰他人。

这个时期的儿童由于欲望无法实现，容易将欲望投射到亲子关系中，形成恋母或恋父情结。家长需要妥善处理孩子的恋母恋父情结。不要对孩子的性欲感到嫌弃，要引导孩子正确看待性，尝试教导孩子最基本的性知识，保护孩子不受侵害也不伤害他人。

上述三个阶段是个体人格塑造的重要阶段，为成年后的人格模式奠定了基础，因此家长需要格外重视孩子幼年欲望的满足与释放。

4. 潜伏期

这个时期儿童的力比多受到压抑，没有明显表现。潜伏期是 5 ~ 12 岁，这个时期儿童的力比多分散在身体各处，因此，儿童往往表现得活泼好动、不知疲倦。家长可以多带孩子进行户外运动，增强孩子的体质和免疫力，也可以促进孩子和自然的互动，帮助其陶冶情操，形成更加平和中正的性格。

5. 生殖期

在 12 ~ 20 岁这一阶段，青少年的性器官开始发育成熟，力比多压抑逐渐解除，生殖器成为主导的性敏感区。这个时期，家长应向青少年灌输正确的性教育知识，让青少年更加了解自己的身体。很多家长耻于谈性，但性知识是青少年必须学会的一门课程。现在国内教育的一个问题就是，性知识在学校教育中的缺失，而家长又不知道怎么教导青少年关于性方面的知识。家长应该在适当的时间，开诚布公地和孩子谈论性教育问题，或者让孩子观看适当的性教育主题的纪录片或影片，帮助青少年形成正确的价值观，爱护自己的身体，而不是畏之如虎。

送给家长的教养策略

在了解上述理论后，我们对儿童的异常行为有了更清晰的认知——儿童的冲动暴躁源于死本能，是力比多释放的表现。因此，家长在对孩子的养育过程中，一定要多理解孩子的反常行为，引导孩子形成正确的行为，力比多的释放要保持和控制在一个适度的范围内。

1. 理解并合理引导

面对孩子的异常行为，家长可以通过合理转移其注意力，来将力比多的注意朝向改变。家长一定不要大惊小怪，随意限制、打消孩子正常的力比多释放的需要。压抑的力比多会在某个时期集中爆发，带来更加恶劣的影响。因此，面对孩子的反常行为，家长应不动声色地引导孩子走向正确、良好的道路，只要家长自己不上纲上线、束手无策或者忽略孩子的反常行为，并且适当地引导和调整孩子的不合理行为，当孩子成长到下一时期时，其奇怪的行为就会逐渐消退。

例如，在孩子关注自己性器官的阶段，家长可以给孩子普及一些生理知识，告诉孩子不能把自己的性器官随意暴露和弄脏，要保持干净。如果孩子过分关注自己的性器官，家长则可以尝试带孩子去户外做运动或者做游戏，通过这种方式来转移孩子的注意力。如果家长不能很好地引导孩子形成正确的性知识，对性的早熟和理解偏差会导致孩子痛苦的一生。《洛丽塔》的女主人公就是一个很典型的例子。

2. 时刻关注孩子的变化和行为

弗洛伊德精神分析理论对解释儿童的异常行为有很好的普适性。家长应在弗洛伊德理论指导下，根据儿童的表现，修正错误的教养方式，渐进式地引导和培养儿童朝正确的方向发展。

面对孩子的失控和异常行为，家长要学会通过问题看本原，例如，孩子今天哭闹是因为未受到家长的关注，还是因为一整天都在房间里没有参与户外活动，所以精力过于旺盛？家长要正确理解孩子行为异常的动因，这是家长做好教育和引导的前提。

第3节　认知构建：认知发展期的帮助

如同白纸一般懵懂无知的儿童如何逐渐理解大人话语的意思？逐渐明白火是烫的不能触碰，理解大人之间的一些互动的含义，理解钱这个概念，尤其是在未接受教育之前，儿童是如何习得对钱的概念，形成对钱的偏好的？如何了解各种食物的生熟、能吃与否？

儿童如何在没有实践经验的基础上迅速了解现代社会各种现象的原理？如何在没有掌握语言的情况下了解大人的意图，和大人交流？换言之，儿童是如何逐渐了解和接受概念的？弄清这个问题，是我们进行儿童教育的基础。家长只有在孩子上学之前，对孩子获得知识经验和概念的过程有所了解，才可以帮助孩子少走弯路，为孩子今后高效正确地接受教育奠定基础。

如果将人生比作一束光线，教育便决定了这束光线发出的角度。有人虽然自身有种种成长条件上的缺憾，但经过良好的教育、有过丰富的人生经历后，最终发出耀眼的光芒，照亮一方；有人虽然天赋很高，但因为没有受到良好的教育，无法打开人生格局，只能困于一隅，不得解脱，最终暗淡无光，泯然众人。

儿童时期的教育尤为重要，有很多天才儿童因童年接受的教育和训练不足而最终“泯然众人矣”的故事。与此相反，也有很多孟母三迁，帮孩子形成良好习惯，最终使孩子出人头地的励志案例。

儿童的教育，是个体人生路上极其重要的一环，家长不可草率对待；而儿童对于知识、概念的获得，是儿童教育的第一环节，更需要家长的重视。

瑞士心理学家皮亚杰及其日内瓦学派，对儿童的教育和学习进行了深入而系统的研究。他的理论，或许能给我们一些儿童教育上的启发。

皮亚杰的发展观

皮亚杰在认知发生论的基础上引入生物学的原则和方法，形成了在心理学里颇具影响力的儿童认知发展理论，其理论体现了建构主义的思想。他认为，儿童的发展很大程度上取决于儿童和周围环境的互动关系。个体在和周围环境的互动过程中逐渐构建起自身的认知发展，并不断深化对自身内部心理结构的认知。这种逐渐加深理解和认知的过程并不是简单的 1+1=2，而是随着信息和内容的增加，儿童的心理结构会逐渐成熟，以致发生质的改变。

皮亚杰认为，人的认知是有结构的，他使用图式来描述智慧（认知）的结构。所谓图式，皮亚杰将之定义为：一个有组织的、可重复的行为或思维模式。举例来说，婴幼儿的哭泣、吮吸、抓握这些习惯性行为可以被称为先天遗传式图式，并不需要学习就会，是婴幼儿的生存基本条件，而诸如喜欢吃什么食物、喜欢怎样走路等，都是儿童特有的习惯和特点，是儿童通过后天学习习得的图式，这些图式构成了儿童认知（智慧）的基础。

儿童后续所有的认知和经验都建构在已有图式的基础上，只有当已有图式和现实发生冲突，并且儿童经历过了同化、顺应及平衡化的作用后，新的图式才能被纳入儿童的知识结构中，促进现有图式的改造，使认知结构得到不断发展。[1] 例如，一个 4 岁的孩子最初会习惯性地抓握物品，但被榴梿、玫瑰等刺伤之后，儿童就会注意到尖锐且坚硬的物品不能轻易触碰。这样儿童先天遗传的图式就被现实经验矫正了，图式得到了改造。

图式是一种渐进式促进成熟的结构。例如，一个 5 岁的孩子很容易在两根棍子之间进行长短比较的判断，而若是要他在三根棍子之间进行选择，他就很难做出判断了。原因就是 5 岁孩子的知识结构不够成熟，难以应对这样稍显复杂的判断。这提醒家长一定要注意，对孩子的教育是必要的，但过难的任务，会影响孩子现有的认知图式，严重者甚至会影响孩子既有认知图式的发展。

皮亚杰认为，任何生物，包括人类，都有适应周围环境和建构自身认知的倾向。个体对环境的适应分为两种：同化和顺应。同化是指将外部信息整合到内部认知图式中，例如，儿童看到一只兔子，将兔子实物同化到自己的认知结构中，形成关于兔子的概念；顺应则是指儿童看到图画书里的兔子之后又见到了动物园里的兔子，于是用实际的兔子取代图画书里兔子概念的构成，或将实际的兔子和图画书里的兔子整合并列到一起的过程。

认知发展阶段论

皮亚杰在图式理论的基础上提出，在个体从出生到成熟的发展过程中，认知结构会在和环境的互动交流中不断重构。他根据多年

1 彭聃龄 . 普通心理学 [M]. 北京：北京师范大学出版社，2016.

的经验观察，最终整理了儿童的认知发展阶段论，如下所述。

1. 感知运动阶段（0～2岁）

这一阶段的儿童活动的最大特点是会使用手和嘴巴等身体部位去感知这个世界，因此被称为感知运动阶段。在这一阶段的后期，儿童会逐渐获得客体永久性。所谓客体永久性，是指儿童意识到事物不会凭空消失，而是实际存在的。1岁之前，儿童面对被遮挡的东西，不能意识到东西还存在这一事实。例如，有心理学家曾做过实验，他在一个儿童面前将玩偶遮蔽起来，儿童就认为玩偶消失不见了，直到大概1岁后，儿童才会意识到，玩偶只是看不见了，并不代表消失了。逐渐获得客体永久性，是儿童感知运动阶段最鲜明的特征之一。

2. 前运算阶段（2～7岁）

这一阶段的儿童言语和概念飞速发展，但儿童的运算方式是朝内的，儿童之前获得的经验在这一阶段内化成为表象，具有了符号功能。例如，儿童在这一阶段会意识到，兔子是一类动物，不止图画书里和动物园中那两种。

这一阶段的儿童的运算方式朝内，也就是说，儿童是以自我为中心的，认为别人眼中的世界和自己看到的一样，以为世界为他而存在，一切围绕着他转。这一阶段的儿童的表达以“我怎样怎样”为主，儿童有时会在独处时自言自语，或者和玩偶说话，并认为玩偶是有生命的。一群孩子在一起的时候，他们也会自说自话，但实际上他们彼此之间并没有什么交流，皮亚杰将之称为集体的独白。[1]这一阶段的儿童思维发展健全，但只能做顺序运算，没办法逆向思维。例如，你问孩子下周要来家里做客的人是谁，孩子可以很轻易地回答出来，但你若问他上上周这个亲戚来过没有，孩子可能就很难回答了。

此外，这一阶段的儿童的一个重要特点是思维集中化。皮亚杰的实验发现，儿童只能比较液体的多少或者容器的高低等单一维度，一旦把两个维度放在一起让他们同时比较，儿童就会变得不知所措，思维图式就会受到影响。

3. 具体运算阶段（7 ~ 11 岁）

这一阶段的儿童已经开始接受学校教育，认知能力飞速发展。思维灵活变通，随着分类、排序的获得，儿童的思维逐渐去中心化，可以做逆向和互换的逻辑推理。

4. 形式运算阶段（11 岁至成年）

这一阶段的儿童已经可以脱离事物运算，其思维逻辑是以命题的形式进行的，思维发展接近成年人水平。

皮亚杰认为，所有儿童的认知发展都会经历上述四个阶段，这是一个连续建构发展的过程。但每个人的发展速度不同，时间上可能有所差异。成熟速度、练习和经验、社会性经验、平衡化会影响到儿童的认知建构发展过程。

例如，先让孩子观察两块大小、重量、形状完全相同的橡皮泥，然后将其中一块橡皮泥捏成不同的形状，或香肠状，或球状，

1　彭聃龄 . 普通心理学 [M]. 北京：北京师范大学出版社，2016.

或几个小糖果的样子，询问孩子橡皮泥的多少是否有变化。感知运动阶段的儿童会认为不同造型的橡皮泥的多少是不一样的。有的孩子认为做造型的橡皮泥变多了，因为香肠状长，球状大，糖果状多，因此橡皮泥变多了。前运算阶段的儿童则会认为橡皮泥减少了，因为比没改变形状的那块看起来，球状太小，香肠状太细，糖果状太小。具体运算阶段的儿童则会摇摆不定，陷入上述两种认知的冲突矛盾中。只有认知发展到第四阶段——形式运算阶段，儿童才会意识到，无论橡皮泥如何改变形状，它始终是由一块原料制造的，并没有增减，因此橡皮泥的质量没有变化。

在了解皮亚杰关于儿童认知发展的理论之后，家长该如何帮助孩子促进认知结构的成熟发展呢？

送给家长的教养策略

1. 注意关键期

儿童早期，尤其是 0 ~ 2 岁，是感知运动阶段，孩子通过自己的身体和外界进行互动交流，这时候家长一定要注意避免让孩子接触太严厉、深刻的有害感知。

例如，华生在实验中对小艾尔伯特采取强烈的敲击，以使小艾尔伯特形成恐惧联结，这样的影响一直持续到艾尔伯特去世都没有消除。因此，在这一阶段，家长要尽量避免让孩子接触电击、火焰、高空以及有些亲戚自以为亲密的吓唬，这些不良刺激会影响孩子的感知运动的成熟和发展，严重者会导致个体终生受到不良影响的伤害，就像小艾尔伯特一样。

2. 尊重发展规律

家长要了解，孩子的认知发展是呈阶梯状发展的，是一个循序渐进的过程。家长可以助力加速孩子的认知发展，但不可揠苗助长。过度地难为自己的孩子只会使孩子失去学习的兴趣，最终可能导致相反的结果。家长应该在适当时刻给予孩子新的任务目标和刺激，通过适度增加任务难度和环境刺激来助力孩子认知发展。

有一点很重要，在前运算阶段和具体运算阶段，家长要注意孩子的去中心化发展。现代社会中的很多“啃老”“巨婴”现象的出现都和孩子早期的去中心化有关。如果孩子不能摆脱中心化思维，总认为自己是世界的中心，遇到困难的首选就不是解决问题而是幻想，幻想有人会替他 / 她解决问题。如果家长没办法帮助孩子解决问题，孩子可能会通过逃避、欺骗自我等方式处理问题，这样的问题处理方式极其不利于孩子的社会化发展，严重者甚至会导致孩子惧怕踏入社会，而成为“啃老”族、“巨婴”。

如果家长想帮助孩子加速认知发展，应依据认知发展的阶段性理论，观察自己的孩子目前正处于哪一个阶段，因“时”制宜，选取合适的方式帮助孩子练习相关的认知思维。

例如，若孩子处于感知运动阶段，家长可以多带孩子出门，接触大自然，接触亲戚朋友的家庭环境，接触游乐场等娱乐环境，等等，孩子获得的新异刺激越多，获得的信息就越丰富，思维发展就越快，认知结构就越稳定。如果孩子处于具体运算阶段，家长可以尝试以轻松的方式考孩子一些简单的计算题，例如，“一个玩偶在这儿一个玩偶在那儿，其中一个消失了，还剩下几个玩偶”等类似的问题，通过引导孩子进行简单的数学计算，来锻炼孩子的思维。

如果孩子处于前运算阶段，家长可以适当给予孩子独立性，看其自己如何处理问题，对于超出孩子掌控的事情，尤其是孩子自己犯错导致的问题，家长应该理性处理，不要给孩子一种“你做什么都是对的”或者“你做什么我都会原谅你”的错觉，否则，长此以往孩子便无法摆脱中心化思维，这对孩子未来的发展是不利的。

第 4 节　社会交往：社会化关键期的帮助

在儿童成长过程中，除上述的人格、认知、语言习得的主要发展问题外，还有一些成长的问题，例如，儿童如何进行社会化，如何和其他人相处。

家长如何引导才能让孩子更好地适应成长各阶段的新情况？例如，孩子到了上幼儿园的年龄，家长该如何劝说和引导孩子接受新环境，从出生以来就熟悉的环境中走出来，进入需要和陌生人相处的环境中？孩子青春期时，家长又该如何给孩子进行正确的性教育，循循善诱，让孩子顺利接受自己身体的变化？这些都是家长在教育孩子的过程中应该思考的问题。

埃里克森结合各学派关于教育和发展的理论，提出了他的心理社会发展理论。他将个体的发展看作一个阶段性的过程。

儿童在成长发展过程中会遇到一系列特殊、个性化的问题，埃里克森认为儿童成长发展过程中的每一阶段都会有其特殊的目标、任务和冲突。各阶段之间相互依存，后一阶段的发展任务的完成受之前一阶段的影响。所有阶段的任务目标都相互关联，任何一个阶段因没有妥善处理而导致的问题都会使后续任务受到影响。

埃里克森的心理社会发展理论受弗洛伊德、皮亚杰等人的影响，因此在理论构建和表述过程中可以看到很鲜明的精神分析学派与认知学派的特点。

埃里克森师从弗洛伊德，但并不认为人格及所有活动的根源都是性，而是将研究的重点放在社会文化背景上，换句话说，埃里克森是后天学习和社会化的拥护者。

心理社会发展理论

埃里克森将人的心理发展分为八个阶段，每个阶段个体都会面对不同的发展危机，例如，婴儿期面对信任危机，老年期面对死亡危机。很关键的一点是，每个时期的危机处理与个体最后形成的性格是相互关联的。埃里克森认为，如果儿童时期的危机处理得当，会有助于个体处理后续危机。因此，家长虽然难以陪伴孩子的整个生命，但可以未雨绸缪，早做准备，为解决孩子的终生发展危机提供助力。

以下是埃里克森关于心理社会发展理论的具体内容。

1. 信任对怀疑（0 ~ 1.5 岁）

婴儿对陌生的世界充满怀疑，婴儿的目标是建立对周围世界的基本信任。这需要父母，尤其是母亲，给婴儿提供充足的食物和爱抚。母婴之间健康、充分的交流，有利于婴儿形成对世界基本的信任，因此家长需要十分重视自己和婴儿的互动交流，不要给婴儿留下母亲不讲诚信，自己要被抛弃的印象。[1]

心理学中有一个实验，测试儿童面对母亲离开之后的表现。实验者根据实验结果将儿童分为回避型、依赖型、矛盾型和信任

1 [美] 戴维・迈尔斯. 社会心理学 [M]. 北京：人民邮电出版社，2016.

型四种，其中只有信任型儿童未来的性格养成最健康，社会化最顺利，其他三种类型或多或少都会存在一些问题。尤其矛盾型儿童，不会表达自己的需求，对世界充满怀疑，性格内向孤僻。儿童之所以会养成这样的性格，是由于其生命早期，父母对儿童的关注不够，或者辜负了儿童的信任，导致儿童早期对外在世界的信任感没有建立起来。因此，父母在教育处在生命早期的婴幼儿时，一定要非常注意儿童信任感的建立。

2．自主对羞怯（1.5 ~ 3 岁）

在这一阶段，如果上一阶段的危机得到妥善解决，儿童会表现出极高的好奇心和能动性，希望在父母、外人面前表现自己，突出自己的存在感。这时候父母要注意不要压抑儿童想要表达的需求，对儿童积极的表现要给予肯定和鼓励，对儿童破坏消极的表现要给予批评和改正。父母只有对儿童的表现做出足够的正确反馈，才能帮助儿童尽快度过危机。

在这一阶段中，儿童如果对于表现和交流的需求没有得到满足，就会产生羞怯的情绪，以后在面对正式场合时的表现就会很差，这就是为什么有的儿童怕人、不愿外出、一上讲台就说不出话或说话结结巴巴，而有的儿童能自如表现的原因。父母想要儿童有一个开朗大方的性格，这一阶段一定要注意引导儿童的表现欲。

3．主动感对内疚感（3 ~ 7 岁）

这一阶段的儿童的活动范围逐渐超出家庭范围。开始追求自我利益和动机，对应皮亚杰所说的自我中心倾向。这时候，儿童如果在活动中发挥了一定的作用，就会觉得自己极其重要和关键，今后的类似事件就会积极主动地去参与。

但有些时候，儿童受限于自身力量、体格、智力等原因，无法参与某些活动，如除草、做家务、洗衣服、帮家人记录数据，等等，儿童可能会因此产生内疚感，这时候家长应该跟儿童沟通，解释为什么不让儿童参与，来舒缓儿童的内疚感。这样，当个体独自完成社会化时，他就会有足够的主动性去参与活动，而不会对任何事情都毫无兴趣，消极地对待生活。此外，家长要适时放开对儿童的局限，有些事情如拖地、扫地，儿童有能力去做时，家长不要代劳，更不要过多干涉儿童的努力，不然儿童会缺乏主动性和积极性。

4. 勤奋感对自卑感（7 ~ 12 岁）

这一阶段的儿童开始进入学校学习，逐渐认识到达成目标和努力之间的关系，形成一种成功观念。本阶段的儿童需要面对家庭、学校以及同伴之间的各种问题和挑战，只有努力协调好成功和努力之间的关系，儿童才能保持正常生活。但随着社交范围扩大，同伴间进行相互交流的重要性与日俱增，儿童需要完成的任务难度和压力也与日俱增。

儿童如果能顺利完成活动，就会增强自信心，从而更加愿意接受任务和挑战，而儿童如果遇到挫折和困难，则会产生自卑感。成功的体验有助于儿童变得积极主动，更加勤奋，挫折则可能加剧儿童的自卑。因此，家长在这一阶段要注重儿童心态的培养和调整，对儿童遇到的困难任务进行分析和调整，对儿童的努力给予肯定。家长对儿童的失败和挫折的分析与开解，有助于儿童克服困难，走出自卑。

5. 角色同一性对混乱（12 ~ 18 岁）

这一阶段的孩子处于青春期，最大的特点是第二性征开始发育，男孩的喉结开始形成，女孩的胸部开始发育等。这个时候孩子思考的问题是“我是谁”，我在这个社会中扮演的角色是什么，以及男女性别角色的区别，孩子会陷入混乱的状态。这时候家长要多和孩子沟通交流，了解孩子的想法以及苦恼，开解孩子。

这一阶段是孩子性格、观念、能力、价值观形成的关键期，又伴随着诸多社会角色的冲突和兼容，家长对孩子的生活和想法应该给予足够的关注，及时与孩子沟通和交流。孩子在家长的帮助下能够更快地适应角色，处理好角色混乱的问题，这样孩子形成的性格、价值观、思想等在未来也能够更快地帮助他适应社会，成为对国家、社会、家庭有用的人。

6. 友爱亲密对孤独（18 ~ 30 岁）

这一阶段处于青年晚期。此时，个体如果能在人际交往中建立正常的人与人之间的友好关系，就会形成一种亲密感。这种亲密感是指个体愿意和他人分享自己的看法并做深层次的交往。个体会在和他人尤其是有亲密关系的人的交流中学会分享和付出。如果个体不愿与他人分享，以及其时间被工作等事项完全占有，个体就会陷入孤独。

7. 繁殖对停滞（30 ~ 60 岁）

从这里开始，父母能参与的个体的生活就极其有限了，个体总是独自面对生活。这一阶段个体会缔结亲密关系，并且繁殖后代。这里的繁殖除了养育后代的意味，还有个体创造价值、产品等的任务。随着时间的流逝，个体的创造力会逐渐下降，身体状况也会日渐衰弱，个体面临停滞的状态。这一阶段发展顺利的个体表现为家庭关系和谐，富有创造力；反之则只关注自己，对他人及后代冷漠消极。

8. 完美对绝望（60 岁以后）

这一阶段的个体处于老年期，受之前阶段的影响极大。如果个体之前每个阶段的发展危机都顺利度过，个体在这一阶段对自己的人生做总结时就会获得自我满足感，觉得一生已然完美。如果个体没有办法顺利解决之前生命不同时期的危机，个体在对过去人生做总结时就会觉得充满遗憾，加上死亡近在眼前，个体便会感到绝望。

从上述八阶段心理社会发展理论来看，个体的成长是有阶段性地解决新问题的过程。例如，个体处于青春期时，会出现多重角色混乱：学生、少年、男 / 女性等。如果孩子不能很好地认可自己的身份，如在性别角色上产生迷茫，就可能受到整个社会的谴责、同伴的欺辱、老师的不理解，这都会给孩子尚不成熟的心智造成巨大的冲击。如果孩子遇到类似性别角色混乱的状况，家长应该在第一时间给予孩子帮助，和孩子一起去分析他的想法和思考，尊重孩子的选择，支持孩子的看法，只有这样，孩子才能获得长足的发展和进步。

埃里克森理论中最重要的概念是相互影响：每个阶段，个体形成的性格、观念都会对接下来的阶段产生影响。也就是说，每个阶段的先前阶段都会影响到后续阶段，这一点实际上强调了婴幼儿时期的重要性。因为婴幼儿时期会影响孩子未来发展的每一个时期。这也是为什么我们经常会说“三岁看大，七岁看老”。婴幼儿时期的教育和培养会对儿童的性格、观念产生极大的影响，因此很多心理咨询师都会要求来访者着重回忆童年经历，通过重现童年经历来矫正个体的现实问题。

了解心理社会发展理论之后，家长该如何帮助孩子成长呢?

送给家长的教养策略

1. 理解关键期的重要性

家长要充分理解婴幼儿时期教育的重要性，早期儿童对于其生活经验或许没有记忆，但这些生活经验对儿童性格造成的影响潜移默化，难以估量。儿童即使在成年之后意识到自己的局限性，也很难再纠正了，究其根本就在于童年经历造就了其性格的底色，个体无法突破。

例如，有一个脾气急躁，做事马虎大意的青年，总是懊恼于自己的粗心大意，沉不住气，却找不到自己性格如此的原因，更找不到解决的办法。后来他在别人的开导下才发现，问题就出在自己的童年早期。这个青年刚出生时家庭正遭遇变故，居无定所，而且自己有被人拐卖的经历，虽然后来被找回来，但这次特殊深刻的经历烙印在青年的性格中。他性格急躁是因为居无定所，任何事只要现在能完成，他都希望能尽快完成，因为过去了就不会再有机会去完成了。他脾气暴躁沉不住气，是因为童年早期遇到了很多恶意，遭遇了很多坏人坏事，坏脾气是他保护自己的办法。

家长朋友可以看到，正是早期童年经历对个体的影响导致了其成年后性格上的缺陷，以及生活中的种种不如意。斯塔克·派克的《少有人走的路》一书中记录了作者做心理咨询几十年来遇到的一些实际案例，他发现大多数人感情、生活不顺利的根源都在于个体童年的遭遇。

总结来说，家长朋友一定要重视满足孩子早期的合理需要，这样才能帮助孩子形成健康健全的性格。

2. 根据发展规律转换策略

家长要在孩子成长的不同时期关注不同的任务，有些家长很容易陷入这样的误区：我只要抓好孩子的学习，未来孩子就能成长为一个性格开朗大方、做事认真严谨、情绪平和稳定的成年人，但实际上，孩子的心理健康和身体健康一样重要。

所以，家长不应该把所有的心思都放在如何让孩子好好学习上，也要多和孩子沟通感情，交流思想。只有因时而变，弄清楚孩子在现有阶段需要什么样的帮助再着力，才能真正帮到孩子。

小 结

第一章我们介绍了儿童成长过程中非常关键的概念、语言、性格和心理等的发展过程。通过了解四位心理学家的理论，我们可以发现：儿童的教育和培养是一个细致入微的工作，家长对孩子的培养任重而道远。

我们发现，每一位心理学家都提到了儿童成长关键期和婴幼儿阶段性培养的重要性，这提醒我们的家长，要注重孩子在婴幼儿时期的培养，不要为了省事，将孩子交由长辈来带，这样会导致孩子在早期不能受到足够的良好刺激和教育，不利于孩子性格的养成以及和家长的沟通交流。如果家长一定要把孩子交由长辈来带，家长一定要经常和父母通话，和孩子互动，通过这种方式弥补自己不能在身边教育和引导孩子的遗憾。

生命早期的培养和教育就好像一束照亮前路的光，家长的培养和教育到位，孩子自然会形成乐观自信、勤劳勇敢的性格，孩子成年之后的工作生活也会更加顺利。如果忽视孩子的正常需要，孩子的心理可能就会产生或大或小的缺陷，成年后就容易出现怯场、脾气暴躁等问题，生活和工作会更加艰辛。

而且，我们可以看到，孩子成长过程中每一阶段的发展任务都不一样，例如，0 ~ 1 岁既是感知运动阶段，又是口唇期，也是信任发展的重要时期。家长要注意结合教育理论给出的教育导向，将孩子需要完成的目标整合起来。例如，孩子在口唇期需要刺激口唇部，感知运动阶段需要多接触新鲜刺激的东西，信任发展的目标需要家长给予孩子足够的关照，家长可以通过多和孩子说话，刺激孩子的口唇运动，多和孩子介绍新异刺激的东西，并鼓励孩子表达以建立信任感。这样能同时实现多个发展目标，起到一举多得的作用。

对于养育关键期的介绍，是为了强调在个体生命早期对其进行正确教育和培养的重要性，强调关键期是为了提醒各位家长朋友不要忽视婴幼儿早期的培养。树苗栽下的时候就位置正确，未来更容易生长得挺拔高大；若位置不正，未来要矫正和修改就需要付出更大的努力。

第二章
关于行为习惯的积极教育

良好的行为习惯能让孩子学习事半功倍，成长的路上，更加从容不迫。

导 语

个体能否有一个光明的未来，一方面取决于个体在成长过程中形成的性格、价值观和获得的见识，另一方面取决于个体在成长过程中是否养成了良好的行为习惯。良好的行为习惯会帮助个体塑造一个良好的形象，保持身体的健康。此外，良好的行为习惯有助于个体和他人进行交往，例如，形成守时、干净、尊重他人、聆听的习惯，这样的行为表现往往会让个体在与他人交流互动的过程中得到他人的认可和赞许，从而帮助个体更好地适应社会生活。

如果将性格、价值观等的培养视为个人成长的内在修炼，那么，行为表现就是个人成长的外在功夫。内功需要重视，一点一滴，努力修炼，外功也需要注意，只有内外兼修，个体才可以在和他人交往时游刃有余、从容不迫。

本章不对具体心理学家的理论做过多阐述，而是采取心理学视角对儿童成长过程中比较常见的行为表现，尤其是负面行为表现，如撒谎、打人、哭闹和急躁等进行解释与分析，并从心理学目前已有的研究结论中提取适当的意见，帮助家长对孩子的行为有更深刻的理解和更恰当的引导。

具体来说，我们会在第1节讲述儿童常见的哭闹行为的成因。我们将从进化心理学的角度来分析儿童为什么总是习惯性地哭闹，哭闹背后是怎样的心理机制，以及家长该如何引导孩子在适合的情境中哭闹而不是遇事就哭闹，没有任何承受能力。我们会具体了解到，哭闹是如何伴随人类的进化被保留记录在基因中的。哭闹是我们最好的生存本能，尤其对婴幼儿而言。希望家长们可以从进化心理学中找到与孩子相处、矫正孩子哭闹行为的思路。

第 2 节我们会具体介绍儿童发脾气、脾气怪异、毛毛躁躁以及急于求成的坏习惯是如何形成的，并通过介绍相关的心理学实验来说明延迟满足和个体未来成就有着怎样的关联。我们会和家长探讨，在孩子的管教过程中，家长应该如何避免恶性习惯的形成。这一章会对个体的某些坏习惯做具体分析，家长如果希望孩子避免这些坏习惯，除了在日常生活中通过具体行为引导孩子摆脱坏习惯，还可以有意识地教导孩子直面自己的问题，有时候面对问题比逃避问题对解决问题更有帮助。

第 3 节我们会探讨，儿童为什么会撒谎，这是儿童成长过程中形成的最恶劣的坏习惯之一，也是家长最头疼的行为习惯之一。这一节我们会讨论为什么儿童会形成撒谎的习惯以及如何矫正儿童的这种行为，我们会延伸了解弗洛伊德关于个体心理防御机制的相关理论，对个体在成长过程中可能出现的负面的行为表现做一个具体、详细的介绍。

第 4 节我们会介绍对于儿童打人这一坏习惯的相关解释，其中社会心理学家关于行为习得的看法既能解释儿童打人、欺凌他人这一恶劣行为的成因，也能解释儿童为什么会撒谎。我们会尝试介绍打人——作为欺凌的一种方式——是如何出现在儿童交往过程中的，以及如何去避免儿童习得这样的坏习惯。

第 5 节我们会介绍关于条件反射的实验，该实验能很好地应用在儿童行为习惯的养成引导中，希望家长能从中获得启发。此外，还会介绍包括正负强化在内的一些心理学行为养成机制。为家长矫正孩子的坏行为表现、形成良好的行为习惯提供一些思路。

最后，本章中提到的弗洛伊德的心理防御机制和社会心理学家发现的孩子行为习得与社会学习，大多可以用来解释孩子常见坏习惯的成因，例如，欺凌本身也是个体的一种心理防御机制，只是为了进行详细的分析，将这些坏习惯分别放在不同的小节中做介绍，希望家长可以从中找到适合的成因来解释孩子的坏习惯。

而最后一节行为矫正，会从如何做的角度给家长一些中肯的、切实可行的方法，去避免孩子形成坏的行为表现。但家长也需要清楚，行为的矫正和成因解释受很多因素的影响，家长在对孩子的行为进行分析时，切不可简单粗暴地进行归因和解释，一定要和孩子充分沟通交流，在了解孩子想法的基础上因势利导，最终帮助孩子塑造良好的行为习惯。

第 1 节　应对哭闹：个体进化的生存本能

初为父母的家长，可能会对孩子的很多行为感到不可思议甚至厌烦，除了前文所述的蛮横、暴躁的性格，孩子在行为层面上也存在很多令人感到惊诧的坏习惯。

对于爱好文静、温柔性格的家长来说，婴儿的哭闹可以说是养育子女最难适应的时刻。婴儿的哭闹经久不息，声音尖锐洪亮，总让人忍不住心生烦躁。但婴儿在哭闹间要表达的意思，家长真正理解了吗？

如果家长不能及时知悉婴儿哭闹的本因，不能及时察觉婴儿哭闹的含义，哭闹就很难停息。家长对孩子哭闹的无可奈何和厌烦很大程度上会影响到自己与婴儿的沟通交流，甚至影响孩子未来的发育发展，因此，理解孩子的哭闹对于家长的教育、孩子的未来发展都至关重要。

那么，孩子的哭闹究竟是一时受到惊吓所致还是有所需要？如何辨别孩子哭闹的原因？又应该如何引导孩子逐渐放弃哭闹的行为习惯，转向更加健康和积极的行为表现？让我们带着问题去了解进化心理学的相关理论，相信进化心理学会给家长很大的启发。

进化心理学的基本理论

进化心理学诞生于 20 世纪 80 年代，是一门综合了心理学、生物学和其他社会科学的学科。进化心理学试图将心理描述为一整套个体用于处理信息的装置，这些装置经由进化和自然选择，用进废退，逐渐形成了现代人所熟悉的器官和心理结构。进化心理学的基本观点如下。

1. 个体的过去是理解其心理机制的钥匙[1]

阿德勒在《自卑与超越》[2] 中曾提出过这样的观点：如果在很早的时候，儿童的生活方式就已经固定了，而我们对此有丰富的经验，那么我们就可以预见这个儿童在生活中的种种表现。进化心理学也有类似的观点，该理论认为，现代人类的大脑是漫长历史进化而来的产物，因此要想了解个体现在的行为，就必须追溯个体过去的经历，甚至是整个人类族群发展进化过程中产生的种种心理结构。越是共性的人类心理机制，就越能从人类进化的历史中发现其根源。

2. 心理机制是由各模块组成的，功能的分解是了解心理内部机制的重要途径

与格式塔心理学不同，进化心理学更偏向机能主义，认为人的行为表现背后都需要一定的功能来支撑。人的心理具有模块性，

1 [美] 戴维 · 巴斯 . 进化心理学 [M]. 上海：华东师范大学出版社，2007.
2 [奥] 阿德勒 . 自卑与超越 [M]. 长春：吉林出版社，2015.

每种心理都有其独特的功能。从程序上来讲，进化心理学解释行为表现的步骤如下：首先是分析行为表现的心理成因；其次是根据心理成因推测心理功能；再次是根据功能寻找形成功能的心理机制，根据心理机制追溯其在历史演进过程中的进化史、选择史，以致最终找到其终极根源；最后是根据心理机制和终极根源对心理现象做出解释。

3. 心理是一系列适应器

进化心理学认为，人的心理是“作用于我们狩猎—采集时代祖先身上的进化过程所产生的、进化而来的适应器”。人在进化过程中优胜劣汰，器官用进废退，逐渐形成了有助于人类生存繁殖的身体机能。心理作为身体机能之一，同样是人类进化演进过程中根据环境，逐渐适应和调整，并最终形成的机能系统。

4. 人的行为表现是心理机制和环境相互作用的结果

心理机制是解释人类社会行为的重要因素，但环境作为背景因素的作用也不可忽视。进化心理学反对诸如行为主义的环境决定论，他们主张，人的行为是在内在心理机制和外在环境相互作用的互动过程中逐渐形成的。

如果将心理学看作研究人的心理的一门学科，那么进化心理学就是使用进化论、生物学和人类社会发展史作为研究工具的心理学分支。

我们以人类对蛇、蜘蛛等滑溜溜、多腿且毛茸茸的动物的恶心和恐惧为例。对上述两种动物的恐惧和回避是人类征服自然过程中极其惨痛与深刻的教训导致的。

试想远古时代，缺衣少药，医疗设施尚不健全，任何小灾小病、头疼脑热，稍有不慎就会使人丧命。而大自然存在的各种猛兽让人类的处境更加艰难。毒草尚有神农尝试，侥幸不死之下人们开始逐渐熟悉药草性理，此后人类才得以免受毒草之苦（当然这只是传说），但毒物就让人难受了，比如上述的蛇和蜘蛛，有的时候你还没看清它们就被咬了，等到全身疼痛溃烂，你都不知道怎么回事，再或者就是被咬之后迅速死去，落入毒物之口，活着挺过毒物之毒的人终究寥寥无几。人们看到别人被蜘蛛和蛇咬伤之后的惨状，以及被蛇或者蜘蛛咬了之后侥幸不死的个体，一定会对蛇和蜘蛛敬而远之，并教育后代，滑溜溜、多腿且毛茸茸的动物，不可以碰。久而久之，人类的基因就会逐渐改变和适应这样的经验，最后就会改变基因的性状，从而对蛇和蜘蛛产生先天的恐惧。

这样的例子还有对深度的恐惧、对近处突然变动的恐惧，等等。可以说，正是恐惧保全了人类族群，使之可以延续生存。再举个例子，人类进化出一种叫作恶心的状态，身体不舒服会想吐，甚至会出现呕吐、晕厥的状态，这样的状态，在动物身上鲜少见到，一般动物除非濒临死亡，不然不会出现这样的状态。

而恶心想吐在人类社会中是一种较为常见的状态，尤其是对于孕妇来说，原因在于，孕妇处于孕育期，通过恶心呕吐这种方式将有毒和有害物质从食物中剔除，以保证处在健康、安全的状态中孕育后代。

从上述两例我们就可以看出，进化心理学视角下的心理机能多是保证个体生存、整个族群能够保全的保护机制。那么婴儿的哭闹，对于整个族群的发展和个体的保全又有怎样的意义呢?

我们先来了解一个概念，叫作物种成长潜力，就是一个物种在个体生命成熟过程中的可塑性和成长性，以及成熟个体的差异大小。

例如，小马刚出生一两个小时就能站立稳定，不出三天就能小步奔跑，而人类在婴幼儿时期毫无自保能力，并且这样的脆弱状态会持续很长时间；藏羚羊幼崽刚出生三四个小时就会学着蹦跳和奔跑以躲避捕食者的猎食，而人类直到一两岁才能学会行走，四五岁才能稳定而快速地奔跑；鸭子出生没多久就学会游泳，而人类会随着年龄的增长逐渐丧失游泳的机能，除非重新学习。

这些物种先天天赋很高，并且这些天赋以一种固定的方式被保留下来，而人类在婴幼儿时期十分脆弱无力，但人类最终成了万物之长。原因便在于，人类的成长潜力高，也可以说是物种可塑性强。

试想，藏羚羊花了几个小时学会奔跑，但终其一生就只会奔跑、觅食和繁殖，即使有天赋异禀的藏羚羊天才开始尝试“歌唱”，也会被时不时偷袭的猎食者追赶得上气不接下气，逐渐丧失了对发出怪声音（歌唱）的兴趣；鸭子出生没多久就学会了游泳，但终其一生，也只会走路、游泳、觅食和交配，即使有鸭子智者开始思考生存的意义，但忙碌的生存进程和被屠杀的命运也没有办法让它得到一个满意的答案；试想一匹神骏异常的汗血宝马，即使努力锻炼，终其一生也只能是不停地奔跑，亦如它出生没多久时的状态，即使它是同类中的佼佼者，是英雄，但它依旧不能欣赏艺术，不懂什么是美。

人类虽然弱小，但人类会通过不停地进行后天学习逐渐使自己变得强大。人类中既有能创作传世名画的艺术家，也有能雕刻出杰作石像的雕塑家，更不用说开拓人类生存边界的物理学家、宇宙学家，还有创造保护人类的盔甲、武器的工匠，以及能指引人类前进方向的学者、哲学家，等等。我们出生时弱小柔弱，毫无抵抗恶劣环境的能力，但伴随着个体的成熟和不断的学习，我们会逐渐强大，最终建立起人类自己的家园。我们没有鸭子游水那么自然，但我们发明了船舶、潜水艇，比鸭子游得更远、更深；我们没有千里马跑得那么快、那么持久，但我们发明创造了自行车、汽车、地铁，我们可以以更快的速度跑到更远的地方；我们没有藏羚羊那么擅于跳跃和奔跑，但我们拥有吉普车和跑车，我们可以比藏羚羊跑得更快，更适应颠簸的地形。

韩愈在《劝学》中写道：“君子性非异也，善假于物也。”人类生命早期的脆弱终能成长为成年期拥有多元化创造力的强大。儿童的哭闹则是保护人类度过脆弱的生命早期的一种很好的保护机制。

儿童的哭闹既有先天遗传的部分，也有后天学习的部分。

我们先来看先天遗传的部分。正如之前讲述的，人类生命早期极其脆弱，恶劣的生存环境、无孔不入的病毒、猎食者、匮乏的食物、疏忽的照顾等，任何小意外都可能导致儿童夭折。人类想尽办法只是为了安全度过生命早期，发出叫声是为了吸引能力更强大的成年个体来帮助自己渡过目前的难关，这不只是人类会使用的生存策略，其他动物一样也会使用。

例如鸟类，小鸟不会飞之前，全靠父母喂养，叫得越大声、挤得越靠前的雏鸟获得食物的可能性就越大，生存下来的可能性也就越大。再比如家猪，挤得最用力的、发出声响最大的小猪仔一定吃得又肥又壮，而不吵不闹的小猪仔可能没多久就饿死了，因为母猪的乳量不够所有的小猪仔吃饱；即使是我们之前提到的马、鸭子、藏羚羊等，在面对危险时同样会发出叫喊以期获得父母的帮助。

于是，人类在生命早期采取哭闹的策略以提高生存概率这一点也就不让人惊讶了。从演化史来看，假设远古时代人类成年后平均每年育有一个子嗣，但有的孩子不喊不叫，遇到发烧、饥饿、毒蛇等威胁时，可能就无声无息地死掉了，而有的孩子遇到危险时就会喊叫，即使再小的威胁也会在家长的帮助下被消灭于萌芽之中，这样的孩子的生存概率更大。这样延续几代之后，喊叫更多的个体的生存概率远高于喊声小或者不出声的孩子，慢慢地，哭喊就作为人类的一种心理机制、一种生存必备本能被保存延续下来。

幼年时期的哭喊有助于儿童解决噎住、卡住、摔伤、跌倒、烫伤、发烧、饥饿等可能导致儿童死亡的生存危机，但随着年岁的渐长，有些儿童的哭喊并没有随着年龄增加而退化，相反，有些哭闹反而变得更加频繁，这是为什么呢？

从进化心理学的角度来看，儿童的哭闹行为一定是为了获得某些有利于自己生存的东西，但具体这样的哭闹是如何保持的，以及儿童如何了解哪些东西通过哭闹可以获得，对这些东西的需要又是如何和哭闹联系在一起的，这就需要其他心理学分支理论来做解释了。

我们先来看为什么有的儿童会保持哭闹到成年，而有的儿童则在青春期之前就褪去了哭闹的习惯。社会心理学有一个理论叫社会学习，简单来说，就是儿童的社会化是通过观察模仿他人的行为实现的。例如，有的儿童看见他人吸烟，就会模仿拿烟的动作，还有的儿童看见大人骂脏话，让对方很生气，就学着在争吵中骂脏话，这些都是负面的行为习得的例子。哭闹也是一种负面的行为，尤其是当儿童将哭闹视为一种满足一切不合理需求的有效手段时，哭闹就不会伴随儿童的成长而逐渐消退。

儿童习得“哭闹可以解决问题”的方式有两种：一种是观察模仿其他儿童，当他看见其他儿童哭闹后其不合理需求得到满足时，他就会习得这样的经验并将之内化为自己的行为准则；另一种则是根据自己的行为经验而逐渐形成的，例如，儿童想买昂贵的玩具，父母不允许，这时候儿童撒泼打滚，各种哭闹，家长碍于面子同意也好，亲戚朋友见此情况代付也罢，只要儿童有过几次这样的经历，他就会形成哭闹可以使父母屈服并满足自己的不合理需求的信念。通过上述两种方式，儿童形成了哭闹的行为表现，哭闹从原本的生存本能变质为一种满足不合理需求的强迫和威胁。

哭闹作为人类生命早期的生存策略和其他动物的叫喊有异曲同工之妙。我们可以通过观察发现，刚出生的婴儿进行哭闹是为了获得食物，解决生理问题，只有这些问题得到妥善解决，婴儿才能健康成长。婴儿阶段对于哭闹行为的解释尚可以用进化心理学的视角来解释，但三四岁的儿童仍旧哭闹不停，就不是进化心理学能独自解释的了，尤其是当他哭闹的原因是想看动画片、买玩具等非生存必需的要求时，社会学习理论或许更加适用。

综上所述，儿童哭闹的原因可以从两方面来解释：如果儿童哭闹的原因是生理问题，如饥饿、排泄、受伤等，这些是正常而且有助于儿童存活的行为，父母需要鼓励甚至刻意引导，让儿童形成这样的习惯；如果儿童哭闹的原因是打闹、玩耍等不合理需求，那父母应该酌情选择忽视与回应。

我们经常会在公共场所看到哭闹不止的孩子，比如，在地铁上碰见一个小孩子哭得撕心裂肺，躺在地上打滚，他的妈妈一直往前走，装作没有看见，他就哭得更大声，最后他的妈妈没办法只能回头，和孩子沟通。如果孩子在公共场合已经哭闹到这种程度，家长应该及时安抚，以避免出现更大的意外，但另一方面也需要反思自己的教育哪里出了问题，以至于孩子在公众场合表现得如此任性。

送给家长的教养策略

说完孩子为何会哭闹之后，我们回到实际问题上来：如何改变孩子不好的哭闹行为，尤其是避免孩子在公共场合哭闹不止的行为，引导孩子远离坏习惯呢?

1. 辨别孩子哭闹的原因

孩子的哭闹行为究竟是出现了威胁其生存的饥饿问题、排泄问题，还是受伤问题。在确认没有涉及上述孩子生存健康的问题的情况下，家长就可以放缓节奏，和孩子多沟通交流，弄明白孩子的真实意图，这里可以根据当前所处环境先做一个简单的预判。

例如，在游乐场，孩子哭闹不止很大可能性是因为自己在想要玩的项目或者想要吃的食品或者好奇的活动上没有得到满足，这时候家长要结合实际情况来考虑。如果和其他亲戚朋友一起来游玩，可以要尽量满足孩子并不过分的要求，尽量不要让孩子形成亲戚朋友会满足他一切不合理的需求的认知，这样是不利于孩子远离坏习惯的。尤其当孩子发现家长不会惯着他们而其他人会满足他们的不合理需求时，问题就会从家庭教育，偏向孩子的社会依赖，这是很棘手、很难处理的问题。如果孩子过于无理，家长则要先和亲戚朋友沟通，说明这是孩子教育问题，不要让孩子获得外在帮助，这样在处理孩子的哭闹问题时，才不会出现用力过猛引发其他问题的情况发生。如果是在家中遇到孩子哭闹不止的现象，在排除生存危机之后，家长应该耐住性子和孩子沟通交流，无伤大雅的需求可以适当满足，如果要求实在太苛刻无理，家长可以采取转移孩子注意力，将孩子的需求源从孩子的视线中移除等方式来解决孩子的哭闹问题，但一定要渐进温和地实施戒断行为，太过直接和粗暴的拒绝会给孩子留下阴影，对孩子的未来发展不利。

2. 激浊扬清，合理疏导孩子的哭闹

通过上述分析，我们会发现，对孩子的教育一定要以耐心为主。孩子会有很多想法，有好有坏，家长并不能要求孩子始终向上努力。在该玩的时候玩，该努力的时候努力，就是给孩子最好

的教育。

家长应该在力所能及的基础上尽量满足孩子并非有害的需要，例如，想出去玩，想探索新事物。从心理学上说，父母无条件的爱是孩子形成良好性格和行为最重要的成因，也是孩子成年后生活稳定的关键影响因素，新异刺激也会促进孩子脑神经的发展。所以家长在孩子哭闹时，在辨别清楚孩子面对的问题之后，对于孩子探索世界的需求应尽量给予满足。

第2节　应对脾气：性格的张力和死本能

你一定有过这样的经历：一个朋友的婚宴上，桌上还没上完菜，孩子就嚷着吵着要吃东西，急不可耐。菜刚上来，孩子就噼里啪啦地把东西全倒进自己碗里，早早吃完了又开始东奔西跑，弄得一片狼藉，摔倒或者撞碎东西了就号啕大哭，丝毫不顾及主人家待客的目的。又或者外出踏青，孩子在前面跑得极快，但来来回回跑来跑去，不到半程就精力耗尽，变得蔫蔫的，后面全得靠大人背着抱着，把大人累得汗流浃背。再比如上学的孩子，上课后连三分钟都待不住，不是动动桌子或椅子腿，就是玩弄橡皮或铅笔，再或者三三两两开始说闲话，老师说什么都不听。孩子回家写作业时就更是让家长抓狂了，写一个字就要削铅笔，铅笔快削好了就拿起玩具开始玩，写了一下午也没把半个小时能写完的作业搞定；再或者写着写着非要看电视，死活不愿意写了，看电视一看就看到晚上，作业当然没写完，你要关电视他就和你哭、闹、发脾气，你让他写作业他就装傻，说再看一会儿吧。

我想做过家长或者见过亲戚朋友带孩子的人一定都遇到过类似的场景。为什么孩子的耐心总是特别差，是所有的孩子都这样，还是只有个别孩子这样？孩子发脾气、没耐心，在以后的成长中是否会导致什么严重的问题，这可能是家长最关心的问题之一。本章借由一个经典的心理学实验来探究上述问题。

延迟满足实验

20 世纪 60 年代，美国斯坦福大学心理学教授沃尔特·米歇尔设计了关于延迟满足的实验，该实验在斯坦福大学附近的一所幼儿园里展开。实验的具体内容是将 4 岁左右的孩子带到一间简单的实验室中，实验室里只有一张桌子和桌上放着的几颗孩子很喜爱吃的糖果。实验室在角落设置有隐蔽式摄像机，以观察孩子们的一举一动。

实验人员会告诉每一个前来的孩子，桌上的糖果他们现在就可以随便吃，但孩子如果可以等待 20 分钟，等实验人员忙完回来再吃糖果，则可以获得翻倍的糖果作为等待的奖励。

实验人员在确保孩子理解实验的程序后就走出实验室，在另一间屋里通过摄像头观察孩子的反应。孩子的反应有很多种：有些孩子在实验人员刚走时就没忍住开始吃糖果，之后过了一段时间，开始变得不耐烦再次剥开糖纸吃下一颗，时间结束糖果就吃完了。实验人员回到实验室问这类孩子时，他们多数表现得极其不友好：因为他们知道自己错过了奖励，还有些会不好意思地朝实验人员微笑。还有些孩子在实验人员走之后一直尝试睡觉、玩手指等，通过这种方式将自己的注意力从糖果上转移开，有些孩子成功地做到了等待 20 分钟，但还有一部分孩子在大概 15 分钟时就忍不住开始吃糖果了，并且很快就吃完了。还有一部分孩子通过唱歌、自言自语，甚至尝试离开实验室等较为明显的行为来控制自己对糖果的渴望，在这类孩子中也多有满足实验要求，最终获得奖励的表现。

实验进行到这儿，我们已经可以回答上述问题：是所有的孩子都急不可耐、毛毛躁躁吗？答案很明显不是。从实验中我们可以看出，只有一小部分孩子直接开始吃糖果，丝毫没考虑未来获得奖励的问题，大部分孩子还是等待了一段时间之后才开始吃糖果，这说明大部分孩子还是有一定耐心和自制力的。第二个问题是：有多少孩子是能自制的？答案是很少，因为孩子本身身心发育不成熟，你希望他懂事克己是很困难的，即使是通过实验的孩子，如果将实验时间延长，可能获得奖励的人会变得更少。

心理学家继续跟踪研究这些参加实验的孩子，直到他们高中毕业。跟踪研究的调查结果显示：那些持续等待并最终获得奖励的孩子，在青少年时期，仍能等待机遇而不急于求成，他们可以为了更长远的目标而牺牲眼前的利益，拥有自控能力。而那些马上就吃掉糖果的孩子，在青少年时期表现得比较固执、虚荣或者优柔寡断，只能看到眼前的目标、利益和渴望，不能控制自己的贪婪，满足自己的渴望之前无法专心做事，注意力会一直集中在欲望本身。就学业水平来看，那些自控能力更强的孩子明显表现得比其他同龄人更好。这也就是俗话说的“三岁看老”。

从上述实验我们可以发现，能延迟满足自己欲望的儿童，未来的表现会更好。所谓延迟满足，也就是我们日常生活中所说的忍耐，可以为了更远大的目标克制自己的欲望，放弃暂时的享受和眼前的利益诱惑。延迟满足不只是为了让儿童学会等待，或者压制儿童的欲望，更不是让儿童只一路前行，不问结果。从本质上来说，延迟满足是一种能力——权衡当前利害得失和未来长远利益后做出更有利于自身长远发展的决策能力。

延迟满足是儿童自我控制能力的体现，是儿童在面临种种诱惑时能平衡长远结果和当下诱惑，从而做出更优选择的能力。延迟满足能力不仅是儿童自我控制能力的核心成分和最重要的品质，也是儿童未来的社会化与情绪调节的重要成分，更是一种伴随终生的基本人格因素，是儿童由幼稚走向成熟，由依赖走向独立的重要标志。

延迟满足能力强的个体，未来会表现出更强的社会竞争力，有较高的工作学习效率，能更好地应对生活带来的重重打击、压力、困难和挑战，在追求自身长远目标时更能抵制即刻满足的诱惑。例如，在其他儿童选择玩游戏、上网或者看小说的轻松快乐时，这类儿童往往能静下心来学习，在学习成绩上有优异的表现。

如果延迟满足能力发展不足，儿童在未来发展中就容易缺乏定力，沾染一些不良习惯。例如，边做作业边看电视，上课时东张西望做小动作，放学贪玩不回家，贪睡不起床等；容易性格焦躁，缺乏耐心，遇事冲动，出现心理问题的可能性也更大。进入青春期后，这些儿童在社交中容易羞怯、退缩、焦虑、固执，遇到问题时表现得消极沮丧，遇到压力就退缩不前或不知所措。

既然孩子的延迟满足能力如此重要，家长该怎样帮助和引导孩子发展其延迟满足的能力呢?

送给家长的教养策略

1. 形成正确的教育观念

首先我们要了解，延迟满足是一种能力，任何能力只要刻意训练，都可以获得长足的进步，例如，一些心理学家曾通过渐进式学习的方法，教会黑猩猩打开房门堆起箱子以取得高处的香蕉。生活中我们有可能也见到过通过训练学会骑自行车的猴子，甚至是可以帮主人拿快递的狗等。动物的学习能力有限，而人的可塑性是极强的，要想让孩子形成成熟的延迟满足能力，家长一定要有信心，孩子能通过训练获得改进，不断发展延迟满足能力。

在有信心的基础上，家长要了解，能力的锻炼是一个阶梯式上升、逐渐成长和增强的过程，不能一开始就给孩子设定一个极其严苛的目标，这样很容易导致孩子灰心丧气，从此不在延迟满足上努力。

苏联教育心理学家维果茨基曾提出过“脚手架式教学”，简单来说就是对孩子能力的培养必须像搭脚手架一样将孩子的兴趣保留在脚手架上，时刻保持其好奇和安全，只有在这样的环境中，孩子才能安心去提升自己的能力。脚手架的另一层含义是指，家长给孩子设定的目标一定是触手可及、能达到的，就好像拿着一块糖果引导孩子朝前小步迈进，孩子可以很容易就做到，但如果家长引导的目标是迈过很宽的沟壑，孩子就很难做到了。

2. 针对孩子的能力设定合理的目标

家长在锻炼孩子的延迟满足能力时一定要注意目标的可及性，根据孩子的发展情况制定合理的目标。

例如最开始，当孩子急躁、注意力不集中时，家长可以尝试和孩子沟通，制订这样的目标：你只要安静学习 10 分钟就允许你看 5 分钟电视。如果孩子能实现，并在这一级延迟满足能力的梯子上站稳了，在训练 10 天左右之后，家长就可以开始向下一级延迟满足能力阶段攀升：你只要安静学习10分钟就可以奖励给你一个苹果，但只有学习半个小时才能看一会儿电视。孩子在实现该目标过程中会不断反复，在上一级阶梯和更高级阶梯上不断反复，这是正常现象，家长要多鼓励、表扬孩子向上的表现，对停留在本层的表现不做鼓励，这样会帮助孩子尽快向上一级阶梯进发，形成较好的行为习惯。

总的来说，孩子发脾气、沾染不良习惯，本质上是自我控制能力的问题，而延迟满足能力是自我控制能力的核心。通过延迟满足的实验我们可以发现，家长要想帮孩子形成稳定良好的脾气和行为表现，就必须在延迟满足能力的发展和培养上下功夫。结合维果茨基的“最近发展区”和“脚手架式教学”的理论，我们认为，家长在培养孩子的延迟满足的能力时，可以通过渐进式、阶梯式向上的方式，来引导、帮助孩子养成良好的行为习惯。

第 3 节　应对撒谎：心理防御机制和本能

撒谎应该是很多家长在教育孩子的过程中所遇到的最头疼的一件事情。那么孩子在成长过程中究竟是如何形成这种不良习惯，又是什么驱动孩子形成类似的不良行为表现的呢？

本节会介绍弗洛伊德关于心理防御机制的理论，通过心理防御机制的建立来解释孩子的不同行为表现。

弗洛伊德认为，人的心理结构由三部分构成，分别是自我、本我和超我。自我是现实意义感最强的人格部分，也是主导我们日常生活的人格结构；本我受人的本能支配，遵循“快乐原则”，对一切能使人快乐的事都没有抵抗力；超我是个体受社会化影响之后建立起来的，是追求道德上圆满无瑕、充满责任感的人格结构。

自我、本我和超我在个体成年阶段逐渐稳定，但遇到不同情境时，三种人格结构依旧会产生矛盾冲突。尤其是本我和超我很容易发生冲突，一个以快乐为原则，另一个以道德为原则，在现实生活中很容易就会发生冲突。

例如，孩子在面对邻居家小孩的零食时，就会面对——本我：吃掉，获得进食的快乐；超我：不能吃，否则要面对邻居的责问和家长的批评。本我会蠢蠢欲动，想要吃美味的蛋糕，获得那种甜味带来的幸福感；超我会恪守道德底线，并希望借此得到家长和邻居的赞赏。

弗洛伊德认为，当人面对人格结构中自我、本我和超我的冲突时，会做出种种保护自己心理结构的防御方式，既要保证本我得到一定满足，也要做好对超我的抚慰，并满足自我的需要，实现三者的和谐共处。尤其是涉及个体心理结构的成长和变迁时，个体往往会倾向于拒绝和排斥新鲜变化，从而保护原来的心理结构。弗洛伊德将各种防御方式归纳总结为心理防御机制，认为个体通过心理防御机制来应对人格的矛盾冲突以及新来的变化，从而保持人格的稳定。

弗洛伊德将个体可能使用的心理防御机制分为五大类，十六种。以下是具体内容。

第一类：逃避机制

逃避机制是一种消极性的防卫，用逃避或消极的方法去缓解自己面对挫折或冲突时感受到的痛苦，比如装作看不见、听不见、不知道、没发生。具体来说，逃避的消极防御机制可以分为以下四种。

1．压抑

压抑是个体最常见的防御机制，是指个体将一些自己所不能接受或具有威胁性、痛苦的经验和冲突，在不知不觉中从个体的意识中排除，将其抑制到潜意识中的作用，是一种“动机性的遗忘”。个体在面对不愉快的情绪时，有目的地去遗忘，和时日长久而自然遗忘的情形是不一样的。

例如，在面对痛苦经历时，我们总是会提醒自己，不要想了，将注意力放到其他地方吧。而在日常生活中，我们在做梦或情绪激动的情况下脱口而出的话，说漏嘴或者一些异常行为，这都可能是压抑过度的结果。

压抑的作用，表面上看起来是我们把引起痛苦的事件忘记了，但实际上它仍然存在于我们的潜意识中，会在不知不觉中影响我们的行为，以致在日常生活中，我们可能会做一些自己也不理解的事情。

例如，经过大地震的人在日常生活中可能会表现得很正常，但有时候他们会习惯性地囤积物资，遇到摇晃和巨响时会表现出极其剧烈的反应。这是因为大地震给予个体的痛苦回忆，会伴随个体的终生，并不会随着时间的流逝而被个体忘记。个体逐渐表现正常是因为他将痛苦的回忆压抑到了潜意识中，但这并不代表该记忆不存在或者个体已经释然。

再比如参加战争的士兵、被霸凌的孩子、火灾里获救的孩子等，这些人远离痛苦一段时间之后会表现得如同常人一样，但遇到一些唤醒痛苦记忆的线索后就会表现出极其剧烈的反应。这说明那个使个体心理遭受巨大创伤的记忆被压抑到其潜意识中了。

孩子的压抑还会表现在面对诱惑时，以及与社会化进行对抗等方面。正如第 2 节所述，延迟满足是孩子成长过程中需要养成的一项重要能力，压抑是延迟满足的一个基本前置条件，一个能忍住欲望，不吃桌上现成糖果的孩子，就要将自己的欲望压抑到潜意识中，甚或将注意力转移到其他事物上才行。

2. 否定

否定是一种原始而简单的防御机制，方法是借助扭曲个体在创伤环境下的想法、情感、感觉等来逃避心理上的痛苦，或者否定痛苦事件的存在，装作根本无事发生，借此来获取心理上的安慰。

“否定”与“压抑”的表现类似，区别在于：压抑是排斥痛苦的记忆，试图去遗忘，但并不否认事件的真实存在，而否定则是不相信事情的存在，从根本上否定事情的合理性。

以孩子偷吃糖果为例，压抑是指隐瞒、克制自己对糖果的渴望，否定则是当桌上的糖果不存在，通过这种方式否定自己的欲望。

否定是个体最常用的一种心理防御机制，遇到超出自己认知范围的事件时，如恶性事件、战争、亲人去世等，人都会使用否定的方式来缓解自己遇到的心理震撼，尤其是当震撼过度会引起个体心理损伤时，否定是一种极其常见的心理防御手段。

3. 退行

退行是指个体在遭受挫折时，表现出其年龄不应有的幼稚行为反应，是一种逆成熟的倒退现象。

例如，已经很多年不吃手指的孩子在上台演讲之前紧张地吃手指，很多年不尿床的孩子在家里添了小宝宝时又开始哭闹和尿床，这些都是退行的表现。

勒温等人经过实证研究发现，退行在孩子身上有一定的共性：2～5岁的孩子在面对挫折时会表现出退行行为，一般是年龄倒退一年到一年半。退行行为不止出现在孩子身上，成年人遇到挫折和困难时也会表现出退行行为。例如，人们遇到棘手的问题时会发出“天呀”的感慨，一些成年人在分手时会通过号啕大哭、下跪、讨好、撒娇等方式挽回，这些都是退行的表现。

退行是一种非常常见的心理防御机制，但会破坏个体的社交关系，会被认为是个体不成熟、不稳定的表现，他人对个体的评价会下降。

“退行”和“压抑”“否定”的界限不是特别清晰，尤其是当孩子哭闹或者撒谎时，家长应该和孩子多做沟通交流，以确定孩子的诉求以及其使用的心理防御策略。

适时偶尔的退行，尤其针对一些无伤大雅的问题，例如，孩子撒娇说要吃什么，这并不会影响孩子的发展，相反会使孩子积累的负面情绪和死本能得到宣泄。因此，家长可以适时允许孩子的退行表现，但面对特别无理的要求，例如，索取昂贵的玩具，或者破坏他人的东西，家长不能因为孩子使用退行来抵抗困难和现实的责备就放弃惩罚或批评孩子，这样孩子永远无法成长，只能停留在退行阶段。

“退行”和“退化”是不同的概念。退行是指面对现实的问题时，暂时退化至低龄阶段，问题和困难结束之后个体就会恢复应有的心智状态；而退化是指由于某些原因，个体的能力稳定下降到某一水平，在重新训练和能力发展之前，个体的能力不会恢复到退化之前的水平。

4. 潜抑

弗洛伊德将潜抑描述为个体意识中将对立或不能接受的冲动、欲望、期待、想法、情感或痛苦经历，不知不觉地压抑到潜意识中，以至于当事人本身无法感受到痛苦，无法察觉事情或者难以回忆该事件。

例如，很多人都会有偷窥的渴望，但大部分人没有表现出来，除非在特别的时刻遇到这样的机会，不然个体大部分时候并不会表现出这样的渴望，这种不道德的或者隐秘的需求就是个体通过潜抑的方式忽视或者压抑下来的。

再比如，儿童在面对体力和智力始终比自己强的大人时会表现出柔弱和胆小，但偶尔会表现得特别暴力和凶狠，这就是儿童的攻击本能被潜抑了。当几个儿童一起玩耍，且没有大人时，儿童的暴力攻击本能就会被唤醒，就会出现欺凌行为。

对于儿童来说，攻击本能是自己的一种可能和欲望，但在日常生活中没有办法实现，只能不知不觉地将其压抑在潜意识中，除非有适当的时机，不然很难表现出来。

潜抑的对象多是些个体不能察觉到的、隐秘的，甚或不道德的心思，因此个体在日常生活中并不能察觉和表现出来。

另外一些个体的心理主观渴望，例如，对某些明星的喜爱，当该明星爆出负面新闻之后，一部分粉丝会表现得毫无波澜，甚至不关心该问题，实际上是为了保持自己内心世界的稳定性，避免更大的损伤，而将负面新闻或者对明星的喜爱潜在压抑到潜意识中，在意识层面表现得若无其事。但实际上如果潜意识中的态度和痛苦被唤起，个体会变得更加痛苦，或许还会表现出惊讶，原来我喜欢某某某。这种对自己需求的惊讶正是潜抑这种心理防御机制的特点。

第二类：自骗机制

自骗机制是指个体会使用自欺欺人的方式来改变事情对自己的影响，是一种消极性行为反应。自骗机制和逃避机制中的否定不同，否定并不是欺骗自己、扭曲事实，而是不认为事情发生了，否定事情的存在，自骗则是将事情朝着自己需要的方向扭曲，但承认事情的存在。常见的自骗机制包含六种具体方式，分别是反向、合理化、仪式抵消、隔离、理想化和分裂。接下来，我们具体介绍每一种自骗机制。

1. 反向

反向是指当个体的欲望或需求不符合社会伦理道德时，个体会担心自己做出该行为，以至于把自己的需求压制到潜意识中，意识层面则会表现出完全相反的行为。例如，一个人有偷窃的想法，但社会道德是谴责偷窃的，他便会将自己的需求和想法压制到潜意识中，并在行为表现上体现出强烈的讨厌和谴责偷窃的态度。

反向表现在我国历史上比比皆是，很多正人君子都被扒出表面一套，背后一套。例如，写下《悯农》的李绅，实际生活中并不体恤农民的艰辛，反而穷奢极欲，一顿饭就要吃三百多条鸡舌。

反向是一种“此地无银三百两”的心理防御机制，个体对自己的欲望并不诚实和直视，而是选择逃避和隐瞒，甚至是打压，攻击自己的需要，这样的心理状态是不健康的。例如，有的孩子很想吃糖，但受到家庭经济、社会和同伴压力的影响，他压抑了自己的需求，甚至表现出对糖果的厌恶，丢弃糖果，以获得他人的赞许。但实际上这样做会让孩子误认为自己真的不喜欢吃糖果，以至于其不能正视自己的实际需求，造成心理障碍，更严重者会扭曲、压抑自己的需求，在某些时刻以更加隐秘、恐怖的方式爆发出来。

反向是以一种自骗的方式来隐瞒、扭曲自己的需求，甚至诋毁、否定自己，这会对孩子形成良好的自我价值感和价值观造成严重的阻碍。所以家长一定要特别注意，当孩子表现出不合理的讨厌或者偏好时，家长要对孩子进行及时疏导，改变孩子不合理的心理防御机制和策略，帮助孩子建立良好的心理防御机制。

2. 合理化

合理化，也可以称为文饰，是指个体无意识地使用合理的解释为自己难以接受的情感、行为、动机、欲望等进行辩解，以使行为可以被接受的心理防御机制。当个体的行为动机不符合社会道德伦理规范或未成功达成目标时，个体会搜寻各种合乎情理的理由来为自己的失败和不被社会接受的欲望进行辩解，以保持自己的心理稳健性，减轻焦虑的痛苦和维护自尊心免受伤害。换句话说，合理化就是制造“合理的”理由来解释个体遇到的问题、挫折和失败。

合理化有三种常见的方式，分别是“酸葡萄”“甜柠檬”和推诿。

“酸葡萄”是指当自己追求某种东西的行动因自己的能力或性格等因素失败时，个体为了保持自己的尊严，对追求的对象进行贬低和打击。这样的心理防御机制和《伊索寓言》里狐狸有异曲同工之妙。狐狸想摘葡萄吃，够不到，跳了多次还是没法够到，就说葡萄是酸的，它不想吃了。“酸葡萄心理”一词由此而来。但实际上葡萄是甜的，个体追求的目标也是美好的，要不然也不会将其作为目标。例如，孩子答应家长自己会在考试中得100分，家长就要奖励他一份炸鸡腿，但这次考试孩子没考好，这时他可能会辩解称，炸鸡腿不好吃，自己一点儿也不想吃炸鸡腿，所以才故意没考好的。

酸葡萄心理是个体追求目标失败后为了缓解心理焦虑不安的情绪，而刻意编造一些理由，以贬低原有目标，从而减轻自己内心的失落感的一种保护机制。从心理健康角度来看，酸葡萄心理在一定程度上有积极意义，但习惯使用酸葡萄心理来解释自己的失败和遇到的挫折，并不利于儿童的身心成长。

“甜柠檬”是指试图说服别人自己所做成或拥有的已是最佳的选择。“酸葡萄”故事里的那只狐狸后来走到柠檬树下，饥饿难忍，于是摘下柠檬充饥，边吃还边说柠檬是甜的，而在现实中柠檬是酸的。生活中也是这样，有人会乐于加班工作，且欣然接受领导交给自己额外的任务，并认为这是领导重视自己的表现，但实际上，打扰就是打扰，剥削就是剥削！孩子身上常见的“甜柠檬”现象是当自己在学校中被霸凌，或者遭到老师的差别对待甚至虐待时，会将之当作自己受欢迎，或者是和师生更亲近的信号，容忍他人的欺侮。

推诿是指将个人的缺点或失败，推诿于其他理由，找人分担过错，自己则可以恢复正常和平静。例如，学生在一次考试中失利，他并不认为这是自己的粗心大意或者复习不全导致的，而是责怪老师教得不好、评卷有问题、考题超纲，或者自己身体状态不好等。还有老师体罚学生，还说自己是“爱之深，责之切”。这都是推诿责任以保证自己内心世界平静的合理化心理防御机制的表现。

3. 仪式抵消

仪式抵消是指个体无论有意还是无意犯错，都会感到不安，尤其是事情造成了他人的损失或者伤害时，个体会非常内疚。这时，个体为了让自己的内心放松下来，就会通过一些仪式性的活动来减轻自己的内疚和自责。

例如，有外遇的妻子或丈夫会对另一半异常温柔和包容，还会主动包揽家务等；没有时间陪伴孩子的家长则会花钱给孩子买昂贵的玩具，但实际上这只是缓解了他作为家长的内疚和自责，对孩子的成长毫无好处；再比如孩子贪玩，弄坏了邻居家的门把手，这时他可能会主动做家务来讨好家长，以得到家长的原谅；还有，新年时摔坏东西，大家会说“碎碎（岁岁）平安”，这些都是仪式抵消的表现。

值得一提的是，有些心理疾病就是仪式抵消的心理防御机制过度使用造成的。例如，有些孩子有洁癖，会不停地洗手，可能是因为无意中碰到了什么脏东西或者失手打伤了别人；再或者孩子不停地收拾房间，可能是因为害怕被家长责骂，而形成了轻微的强迫症。轻微的强迫症和心理疾病会给孩子的情绪以释放和抚慰的渠道，但过度的反常现象，如洗手洗到脱皮，就需要及时接受心理疏导和治疗了。

4. 隔离

隔离是指将部分事实从意识世界中加以隔离，不让自己意识到，以免对自己的内心世界造成打击。最常见的被隔离部分是个体的主观感受，因为主观感受最容易导致个体的焦虑不安。

例如，说到死亡，人们总是比较忌讳，还会用“仙逝”“长眠”这样的说法来代替，以减缓焦虑情绪。

孩子通常会将自己不能理解的东西用一个自己熟悉的名字来代称，例如，看到有人骂骂咧咧，表现粗鲁蛮横，孩子就会称对方为坏蛋，家长要注意了解孩子在隔离过程中指代的对象的具体情况，以免孩子受到侵害时家长还一无所知。

5. 理想化

理想化是指个体在和他人交往的过程中以及达成目标的过程中忽视实际情况，将事情朝着有利于自己的方向去猜测和想象，以致对某些人或事物做出过高的评价。这种高估的态度，很容易使个体将事实真相扭曲和美化，以致脱离了现实。

例如，孩子在和他人进行交往的过程中会故意吹嘘和夸大自己家的经济状况，这是个不好的现象，不利于孩子认清现实生活。尤其是孩子如果邀请朋友来家里玩，则会因为担心自己“丢面子”而产生极大的焦虑和痛苦，所以家长要尽量引导孩子不要吹牛，不要过于理想化自己的处境和目标。

6. 分裂

分裂是指个体在生活、工作、学习等不同情境中表现出截然不同的行为表现，这些表现甚至是相互矛盾和冲突的。也就是说，个体在面对不同情境时采取了分裂的策略来保障自己的心理防御机制的稳定。

例如，一个孩子在家是乖宝宝，百依百顺，懂事孝顺，但在学校里却称王称霸，不停地捣乱。这是因为在家庭和学校这两个截然不同的环境中，孩子采取了不同的应对策略，这就是分裂的心理防御机制在起作用。

第三类：攻击机制

个体面对的心理障碍和问题，尤其是需求无法被满足时带来的负面情绪，会给个体心理带来极大的压力，个体有时会采用转移的方式，将压力和负面情绪宣泄在其他人、事之上，这就是心理防御机制中的攻击机制。攻击机制有两种方式：转移和投射。

1. 转移

转移是指个体因为某些因素（可能是伦理道德、社会规范）的阻碍，将原先对某对象的情感、欲望或态度，通过某种方式转移到一个较为安全，且社会能接受的对象身上的心理防御机制，以减轻自己心理上的焦虑。

例如，一个父亲因为工作不顺利被领导批评，又不好和领导吵架，就回来和妻子吵架；妻子吵不过丈夫就将怒火转移到孩子身上；孩子遭受母亲的训斥，就将怨气撒在猫身上，踢猫一脚。这就是心理学上著名的“踢猫效应”。踢猫效应描述的是一种转移的心理防御机制，但过度使用该机制会导致被转移情绪的对象产生更为严重的心理问题。

尤其是孩子，如果不能很好地处理自己的情绪，只是一味地将情绪转移，很容易被他人认为是欺软怕硬。因此，除了使用转移的心理防御机制，家长应该引导孩子妥善处理自己的情绪。

除了将情绪转移到其他人身上，将自己的情绪转移到其他事情上，如通过运动、阅读、玩闹等方式宣泄情绪，也是非常好的宣泄情绪的方式。

2. 投射

投射是精神分析学派的经典行为描述。精神分析学者认为，投射是个体的自我在对抗超我时，为减轻内心罪恶感所使用的一种防卫方式。投射是指个体将自己的欲望、性格、需要、动机等，“投射”到别人身上，将自己的需要说成是别人的。例如，指桑骂槐、含沙射影，都是不把批评谩骂的话直接表达出来，而是将自己的不满投射到其他事物上来发泄。

投射行为在孩子身上也极其常见，例如，孩子想吃什么东西，并不直接说，而是说自己的玩具想吃什么、最近附近开了家新店什么的，通过这种方式将自己的渴望表达出来。

第四类：代替机制

代替机制是指个体使用某些事物来掩盖、弥补、代替自己的缺陷，以减轻缺陷带来的痛苦。有时候代替的事物会是幻想，因为自己的需求在现实生活中无法被满足。代替机制具体有两种做法：幻想和补偿。

1. 幻想

当个体由于种种原因（通常是体力、能力、性格、智力、资源等）无法处理现实生活的困难时，个体会幻想自己脱离现实，在幻想的世界中处理好了这些问题，以舒缓内心的焦虑。

例如，有的儿童在看了一些超级英雄的电影后，就会幻想自己是超级英雄，有一身超能力，可以对抗所有困难。我们经常可以看到小朋友手里拿着棍，说自己是“孙大圣”，这其实就是幻想自己是英雄，可以处理好生活中的种种难题的一种方式。

适度的幻想会使生活变得愉快而和谐。例如，作家、画家都需要一定的幻想能力才可以创作出更好的作品。人类的进步也需要幻想的指引，所以保持一定的幻想能力是很有必要的。但个体不能过度沉溺于幻想，这样只会让心理出现问题，例如，一心幻想自己考上举人的范进，当幻想成为现实，高兴过度得了失心疯。适度的幻想会给人以前进的动力，但整天沉溺在幻想中，只会导致个体与现实生活脱节。

2. 补偿

补偿最早见于阿德勒的《自卑与超越》，阿德勒作为精神分析学派的代表人物，后来脱离精神分析，成了新精神分析学派中的一员。他认为每个人天生都会有一些自卑感，自卑感促使个体追求卓越，以补偿自己的自卑感。因此自卑和补偿是了解人的行为的两种基本途径。

补偿分为积极补偿和消极补偿。前者如个体相貌平庸，通过后天的努力学习来争取自己想要的一切，就是使用努力学习和工作来补偿相貌给自己带来的自卑感；后者如孩子因为性格顽劣被同学排挤，就加入不良帮派团体以补偿群体归属感。家长一定要注意，孩子的补偿是很容易被发现的，顺藤摸瓜就能找到问题所在。

第五类：建设机制

建设机制是五类心理防御机制中较好的一类，是向好的方向去发展，可以分为升华和认同两种。

1. 升华

升华是将本能行动，有如饥饿、性欲或攻击的内驱力，转移到自己或社会所接纳的范围之中。有人将攻击他人的冲动的动力升华为运动的动力；有人有骂人的冲动，将之升华为合理地评论和议论的动力。儿童产生升华表现是一件很少见的事，原因是个体在儿童期间遵循本我原则，更喜欢释放自己的本能冲动。

2. 认同

认同是指儿童逐渐认可自己所处的团体、自己的性格等，认同是儿童社会化进程中必不可少的过程，但过于执着群体的认同可能不利于儿童的变通和发展。例如，如果儿童过于看重某个团体的身份，就会四处夸耀该团体，这样的行为并不利于儿童的未来发展。

送给家长的教养策略

本节我们详细介绍了个体的心理防御机制，从上述介绍中我们可以发现，基本上，儿童、青少年都会使用各种心理防御机制来应对自己遇到的各种问题。任何一种心理防御机制用好了都能促进和提高个体的能力与心理健康水平，提高其心理适应性。但任何手段都是过犹不及的，使用过度或使用不当都会导致儿童、青少年的心理成长出现问题。家长只有通过充分的沟通和交流，了解孩子的真实心理需求，根据自己的经验判断，以及对孩子的意愿进行综合考虑之后，再决定如何引导孩子建立适合的心理防御机制。家长应该理解孩子的心理防御机制，视情况决定是否要干预孩子。

1. 要理解儿童心理防御机制的成因

通过上述的理论介绍和举例，我们也能理解孩子为何撒谎：孩子的撒谎行为，如使用否定、幻想或理想化等心理防御手段，根据情境不同，其性质也有所不同，但总的来说，孩子撒谎的目的都是为了缓解内心的压力，防止自己的情感、性格和心理结构被破坏，而做出的有利于自身减少负面情绪和压力的反应。

从行为逻辑上，我们可以理解孩子的一些撒谎行为，但家长朋友一定要注意孩子具体的撒谎行为的表现方式，例如，孩子为了掩饰自己的错误而将责任推诿给其他人，骗家长说是别人做了坏事，这是十分不好的行为，是家长必须帮助孩子改善调整的部分。

比如，老师告诉家长孩子总在幼儿园里欺负其他孩子，每次家长问他有没有欺负小朋友，他都哭着说没有，直到后来家长陪他和其他小朋友一起玩才知道，他的本意只是想和其他小朋友一起玩，只是他在家里习惯了横行霸道，在外面也是这种风格，才会让人误以为他是在欺负人。这个孩子遇见误解的心理防御机制就是哭闹、否认，但面对问题，这样的心理防御机制是不合适的，因此家长需要尽早理解孩子的心理防御机制。

2. 家长要根据情境来改变孩子的心理防御机制

再比如，一个孩子总是习惯在家里的走廊上撒尿，被发现了还不承认，大哭大闹。这样的心理防御机制固然是为了保护自己幼小的心灵，但撒谎行为以及事件的恶劣程度会对孩子未来的身心发展造成不好的影响，如果放任不管就会使孩子形成撒谎的习惯，与其遮掩羞愧，不如让孩子直面自己的错误，获得心理成长。

3. 避免破坏性心理防御机制

破坏性心理防御机制包括否定、欺骗、合理化等，结合具体情境还会产生不同的破坏性心理防御机制。举个例子，一个孩子从小性格沉闷，小时候淘气，惹了事，家长要打骂他，他也不说话，也不逃跑，就直直地站在那里被打，被打狠了就默默流眼泪，从不跟家长沟通。所以等他长大后，他的家庭关系就会非常紧张，他会习惯性地用沉默或者冷暴力来解决问题。

沉默，或者说抑制，本来是有利于身心发展的心理防御机制，但在沟通中使用不恰当就会导致沟通不畅，最后成为破坏性心理防御机制，家长一定要避免这样的心理防御机制的形成。

第 4 节　应对欺凌：儿童青少年的攻击性本能

校园欺凌是指儿童（也包括老师）在学校受到学生同伴和老师的侵犯、侮辱、谩骂等。近年来，校园欺凌成为社会热点问题，欺凌的严重程度也越来越严重，大有愈演愈烈的趋势。

儿童为何会习得攻击行为？童年、青少年时期的欺凌、被欺凌行为对儿童未来的发展会有怎样的影响？儿童的欺凌行为究竟是伴随社会化进程的加快和成熟而获得的不良习惯，还是儿童因社会发展加速对生活掌控感不够而产生的恐惧情绪的宣泄？

本节我们会通过社会心理学家关于个体如何习得行为的理论来探究儿童为何会形成欺凌、侵犯他人的行为。

社会学习理论

社会心理学家吸收了行为主义学派关于环境和后天的培养对儿童的影响的主张。华生曾言："给我一些身体健康的孩子，我可以将他们培养成诗人、作家、工人、农民，或其他任何职业。"

社会心理学家班杜拉认为，个体社会化的方式之一是习得。习得的主要途径是观察他人，尤其是和孩子有亲密关系、对孩子有重要影响的成年人，如兄弟姐妹、父母姑姨、祖父祖母等，家中长辈的行为会被孩子多次观察，并被有意识地模仿，这样就能解释为什么有的孩子会拿棒棒糖、春卷等东西模仿抽烟的动作，很有可能是孩子在日常活动中看到了家长前辈有抽烟的行为表现，由此习得和模仿大人的行为。

班杜拉的社会学习理论包括观察学习、自我效能、行为适应和治疗。

班杜拉认为观察学习是习得的第一部分，分为注意、保持、动作复现和动机。[1]注意是指儿童观察到特定对象的行为，并对其进行有意识的观察；保持是指个体将他人的行为保持在个体记忆中，并不断丰富细节；动作复现则是指儿童尝试模仿他人的行为，并根据儿童自己的能力调适、调整该行为的表现；动机则是指儿童习得该行为后会根据表现出行为后他人对行为的评价来决定是否保持该行为，如果该行为不被接受，被批评、被指责，则该行为会被压抑，逐渐消退；如果该行为被表扬、被鼓励，则儿童会逐渐加强和熟悉该行为，使其成为自己的习惯性行为。

我们以儿童的学习成绩为例。儿童在学校会首先观察到，学习成绩好的学生会受到尊重，因此儿童会意识到学习成绩的重要性。当儿童注意到其他学生努力学习获得好成绩时，会尝试模仿这种行为，通过努力学习来获得好成绩。这样的行为在儿童心中成形，并在生活中被努力复现，如果儿童的智商发育不够，他就会扭曲矫正该行为，例如，其他学生每天课外学习三个小时，这个儿童可能只能实现一个小时的复现。如果努力学习最终获得回报，儿童被鼓励、被表扬，儿童则会努力保持学习的行为。如果儿童观察到其他学生通过作弊的方式获得好成绩，他可能会复现

1 [美] 戴维·迈尔斯 . 社会心理学 [M] . 北京：人民邮电出版社 , 2016.

该行为，如果这样获得好成绩也会得到表扬，他则会继续保持该行为；如果这种行为被发现，并受到谴责和批评，他便会抑制该行为，以致该行为逐渐消退。

儿童习得行为的动机阶段是影响儿童能否习得行为的关键。具体来说，班杜拉认为，有机体行为得到强化的方式有三种：一是直接强化。即儿童习得行为当场获得反馈，例如，儿童模仿抽烟的行为，被家长及时看到并制止，这种直接的反馈会对个体的行为习得起到决定作用；二是替代强化，是指个体观察到其他人对该行为的反馈后，决定是否习得该行为，例如，儿童观察到高年级的哥哥姐姐因为学习成绩良好而受到嘉奖，他会决定习得努力学习的行为，当他看到其他同学因为作弊而受到惩罚，他便会压抑自己习得作弊行为的需求；三是外部强化，是指个体是否习得行为受到外部行为的影响，例如，儿童好好吃饭会获得家长的爱抚和买玩具的承诺，该行为就会被保持，如果儿童尿床后被罚站并要求自己洗床单，这样的外部强化会直接告诉儿童这种行为是不被允许的，这样儿童就会逐渐矫正自己的尿床行为。

了解上述理论后，我们再来解释儿童、青少年欺凌的社会现象，为什么儿童会形成欺凌的行为？

根据社会学习理论，儿童欺凌行为的习得首先是要有观察行为的场所，学校周边以及学校到家路上遇到的人、事、环境等要素构成的社会微环境，都会直接影响到儿童的习得行为。例如，欺凌最主要的来源就是学校周边的网吧、游戏厅、公园、小卖部等地方。

有心理学家将儿童放学后回到家中之前这一段路程经过的地

方、停留的时间和儿童遇见的人事称为社会微环境。社会微环境历来是学者、家长所忽视的儿童成长影响因素，但实际上这个因素会对儿童的未来生活造成极其重大的影响。

举例来说，小明放学回家路上习惯在路口拐角处买麻辣烫吃，今天路口多了家新店，小明决定尝尝鲜，结果该店饮食卫生不达标，小明食用之后食物中毒，得了急性肠胃炎，此后他便对尝试新鲜事物有了阴影，这就影响了他未来的生活方式。

回到欺凌这个问题上，儿童、青少年放学后处于一种无人管教、时间多、注意力跳脱的阶段，在他经过的社会微环境中很可能就存在各种欺凌事件：在网吧门口、小公园里遇见有人吵架和打架，吃个小零食排队还被人插队等。这样的负面事件见多了，儿童就会不自觉地观察和学习该行为。

我们回到班杜拉关于社会学习理论中。行为的保持与否取决于实施该行为能否满足个体的动机。对于儿童、青少年而言，表现欺凌行为的动机是释放自己很厉害的信号，从而获得崇拜、羡慕以及某些特权，满足自己的虚荣心。

还是以小明为例。小明最近很清闲，学校作业布置少，爸妈最近晚上回家晚，没空做饭，就给他钱让他在外面解决晚饭，所以从 5 点学校下课开始，小明就在外面闲逛到晚上 9 点多才回家，而且兜里还有钱，能买很多自己想要的东西。小明最近经过网吧门口时，总看到有人在玩一款游戏，很多同学也在讨论这款游戏。时间长了，小明也对该游戏产生了好奇。家里爸妈管得严，不让他玩游戏，最近这几天他有空在外面闲逛，所以小明对游戏的好奇心一下子就被激发出来了。

小明在网吧门口探头探脑。两个穿着怪异、满身烟味的不良少年从网吧里朝外走出来，看到小明在张望，上来就问小明要钱，说小明害得他们游戏老输，小明不得已只能把爸妈给自己的钱给了这两个不良少年，灰头土脸地回家了。

小明并不敢把这件事告诉爸妈，网吧是爸妈深恶痛绝的地方，所以小明只好饿着肚子过了一晚，从这件事中小明学会了欺凌。过了半年，小明身高蹿得快，体重也飙升，这天小明家里有事，又留他一个人在外闲逛，这次小明很饿，有点儿急切地想买东西吃，就插队了，后面几个低年级的同学看着高高壮壮的小明，敢怒不敢言，小明也确实体会到了插队带来的便捷和别人敬畏自己的快乐。

也就是说，小明通过在记忆中保持欺凌的行为特征，在某一时刻复现该行为，获得了自己所需的好处和满足感。从网吧门口被欺凌，到小卖部插队，小明习得了一种叫作侵犯的行为，并从中获得了好处和快感。

我们可以看到，关于欺凌的社会学习基本上都是在社会微环境中发生的。社会微环境的特点是没有任何成年人会帮助矫正儿童不当的行为，老师、家长都不在身边，儿童、青少年的习得行为是不受管制和约束的。

这需要国家和政府对社会微环境进行管制与约束，有些地方做得很好，例如，要求学校周边一千米内不得有网吧、KTV、游戏厅、棋牌室等娱乐场所，对于学校周边的路边摊进行严格规范，以保证儿童、青少年的饮食健康和安全。

儿童、青少年一旦习得欺凌行为，事情就会变得越来越严重，因为儿童、青少年会有同伴群体存在，同伴之间会交流经验、分享心得，群体偏爱会使得大家接受群体成员的越轨行为，而外群体的敌意和贬损则可能导致其对群体外成员的敌意和攻击行为。

从静态来看，群体内若有关于欺凌的经验被分享，内部则会更加激进，并不断加工和传播该信息，尤其是当群体内有人分享了竞争和欺凌的具体经验后，群体内其他成员遇到类似的情况时，想要尝试的想法就更加蠢蠢欲动，这使得欺凌变得越发严重。从动态来看，群体内对欺凌的认知随着传播人数的增多而逐渐严重，例如，刚开始是说小明插队，传着传着就变成了小明插队并且打了不满意的低年级学生一顿，再到传闻小明把人家打伤住院了。欺凌的传言越来越离谱，他们对群体外成员的敌意也随之升高。当个体间发生冲突时，欺凌就会爆发出来，这种扭曲的欺凌经验为群体欺凌个体、弱势群体提供了极其恶劣的行为范本，并导致了更加恶劣的欺凌行为的发生。

在谣言的加工、欺凌的习得和内群体偏好、外群体贬损的综合作用下，任何一个孩子都很难逃离欺凌的影响，区别只在于个体会在影响下变为被欺凌者、欺凌者还是旁观者。

对于欺凌，家长能为孩子做些什么？

送给家长的教养策略

很遗憾的一点是，家长并不能时时刻刻陪伴孩子，孩子总是要接受社会化的。社会化并不都是好的、教人向善的，总会有各种负面因素或者消极行为传递给孩子。

1. 及时沟通，了解孩子的情况

家长能做的就是及时了解孩子的烦恼和想法，随时与孩子沟通和互动，保证孩子精神上不被忽视。

如果孩子在社会微环境中遇到偷盗、欺凌等不道德行为，并表现异常时，家长应尽快和孩子沟通，防患于未然。如果孩子已做出类似行为，家长的第一反应应该是保护孩子的心理成长和性格发展，和孩子沟通他这么做的原因，在拆解原因后再亲自带领孩子处理该事件，千万不能偏袒、包庇孩子。很多时候行为本身的恶劣程度和性质对孩子的影响远不如最后处置结果对孩子的影响大。

通过前文对欺凌现象的习得、原因机制以及家长能为孩子做些什么的分析，我们可以发现，孩子的成长过程，家长并不能亲力亲为，所以孩子的发展出现偏差是很正常的事，没有人可以一帆风顺地过完一生。

家长朋友不必过分介意孩子成长过程中遇到的种种问题，要理性对待，并把这种担忧落实到行动上，适时、及时地和儿童、青少年沟通，了解其所思所想，力所能及地给予他们指导和建议。尤其是对于他们不好的行为习惯方面，惩戒只能是临时的手段，要想实质性地解决孩子成长过程中遇到的种种问题，沟通、拆解问题、帮助改进以及事后复盘是必不可少的。

这就是本节想要告诉家长以及孩子的观点：犯错并不可怕，如何对待错误，才是决定孩子成长的关键。

2. 帮助孩子形成坚强的性格

大部分的欺凌都发生在性格暴戾者对性格软弱者或者弱势群体的互动中。这需要孩子和家长共同应对，引导孩子形成坚强的性格，对恶意的欺凌和侵犯说“不”！

面对欺凌，最重要的一点是直面这个问题。大部分欺凌行为的产生源于忽视——家长的忽视、学校的忽视、同伴群体的忽视，这些忽视纵容了施暴者，让欺凌愈演愈烈。因此，要想帮助孩子远离欺凌，家长一定要多和孩子沟通，了解他的生活，并帮助其形成坚强的性格，去应对潜在的不怀好意的互动。

第 5 节　行为矫正：建立连接掌控本能

青春期的孩子总喜欢和家长对着干，反对家长的命令、要求和期望，叛逆顽劣得让人头疼。但家长总是希望自己的孩子向好向善、成人成才。如何和处于叛逆期的孩子相处？用怎样的相处模式才能让孩子朝着家长期待的方向成长？这是所有家长都十分关心的问题。巴甫洛夫的实验或许能给各位家长一些启发。

巴甫洛夫的实验

俄国心理学家、生理学家、医生巴甫洛夫通过实验，发现了行为主义的基本理论——强化理论。巴甫洛夫利用狗看到食物或吃东西时会流口水的现象，在每次喂食狗的时候都会伴随其他刺激，最早使用摇铃的方式，后来是音叉、节拍器、开灯、吹口哨等。连续多次在喂食前伴随其他刺激会使狗对该刺激产生反应，当反应稳定后，即使不出现食物，狗也会出现流口水的现象。巴甫洛夫将这种现象称为条件反射，狗将非属食物的中性刺激，如摇铃声，当作食物出现时引发流口水行为的线索，称为联结。

条件反射的情境涉及四个要素，两个属于刺激，两个属于机体的反应。第一个刺激是中性刺激。它在条件反射形成之前，并不能引起预期的、需要学习的反应，这是条件刺激，在巴甫洛夫的实验中就是摇铃、吹口哨和音叉。第二个刺激是非条件刺激。它在条件反射形成之前就能引起预期的反应——条件反射形成之前，肉一出现就会引起狗的唾液分泌。

这种非条件刺激引起的机体反应叫作非条件反应。这是在形成任何程度的条件反射之前就会发生的反应，是一种本能反应。而由于条件刺激而发生的反应就叫作条件反应，即没有肉，只有摇铃声引起的唾液分泌反应。当两个刺激接连发生（在空间和时间上相近），并反复地出现，就会形成条件反射。通常，当非条件刺激紧跟着条件刺激出现，条件刺激和非条件刺激相随出现数次后，条件刺激就会逐渐引起条件反应。比如上述实验中，摇铃和肉同时出现多次后，狗听到摇铃声就会分泌唾液。

在了解上述理论的基础上，巴甫洛夫通过实验对条件反射做了更深入的探索。例如强化，中性刺激伴随非条件刺激出现的次数越多，被试对中性刺激的唤醒反应就越强烈，实验中摇铃和食物一起出现的次数越多，后续实验中仅摇铃时狗的唾液分泌也就越多。消退是指当非条件刺激单独出现时，原本中性刺激和反应建立的联结就会被压抑，逐渐消退，直到完全不能被唤醒。次级联结是指在条件反射的基础上，再加入新的中性刺激，使得被试产生新的条件反射，这被称为次级联结。实验中，巴甫洛夫让实验助手一边摇铃一边吹口哨地给狗端来食物，后来逐渐取消食物，在摇铃的辅助下，吹口哨和产生唾液的行为同样建立了联结。

巴甫洛夫的实验说明，个体新行为的养成如果可以和个体习惯的一些行为伴随出现，会更容易被接受。例如，如果想要孩子更好地学习英语或者上培训班，选择那些有同学一起的课程，或者那些和孩子喜欢的动画或者故事有关联的课程，可能孩子的接受程度会更高。

送给家长的教养策略

1. 建立良好的联结

战国时期，秦王为鼓励士兵奋勇杀敌，便将士兵的战绩和土地、房子、银钱相联结，采用二十级军功爵位制，爵位、金钱、土地都可以通过杀死的敌人来换取。因此秦国的士兵是七国里最骁勇善战的，秦王利用士兵的骁勇善战，最终横扫六国，建立起中国历史上第一个大一统的王朝。

如何让孩子在成长过程中对学习保持着如秦国士兵一样旺盛的斗志和积极的态度呢?

这是家长在具体教育中需要注意的。如果家长确定要使用强化的方式来引导孩子朝正确的方向行进，那一定要保证给予孩子的强化对孩子来说是有吸引力的，例如，承诺孩子考完试就能吃一块他心仪了很久的蛋糕，或者去他想去很久了的游乐园，或者给他买他关注了很久的玩具，再允许孩子看自己最喜欢的动画片。刺激物的吸引程度一定程度上影响了强化的建立。尤其是伴随孩子的成长，原本承诺的奖励的吸引力可能会下降。因此这也告诫我们的家长，要从长远的角度来看待孩子的教育问题，不能这次考好了给买游戏机，下次考好了给买自行车，过高的奖励可能会对孩子的本次行为表现有极强的驱动作用，但从长远来看，对孩子的良好习惯的养成弊大于利。

2. 保证承诺可实现

除了要考虑奖励的吸引力，家长一定要保证自己的承诺能够实现。家庭是孩子接受教育和社会化的第一个场所，父母是孩子的第一任老师，也是孩子最早接触的社会人。家长对承诺的态度很大程度上会影响孩子对他人的信任，如果家长没有办法实现承诺，会对孩子造成很大的打击。因此，家长在建立联结的过程中应该选取那些力所能及的奖励做承诺，和孩子一起实现目标。享受奖励本身也是增进亲子关系、促进家庭和睦的一种好方法。

3. 目标的可持续性

除了要考虑奖励承诺的吸引力和可实现性，家长要从长远、可持续发展的角度来考虑和制订对孩子的培养教育方案。爱玩是孩子的天性，通过玩耍嬉戏，孩子能不断促进自身语言行为的成熟发展和社会化习得。因此对孩子的教育不能是填鸭式地硬套、硬塞，也不能太丰富，让孩子迷失在选择中，一定要给予孩子足够的思考消化以及休息时间。

因此，在建立联结的过程中，家长应从长远角度考虑，循序渐进，一定不要揠苗助长，过度的压抑和过高的目标会给孩子带来沉重的压力，时间长了还可能导致心理问题，甚至性格问题。因此，家长对孩子的教育和培养应建立在与孩子进行充分沟通交流的基础上，根据孩子的兴趣，选择适合孩子的发展方向。

4. 避免积极反馈的消退

还要注意的是，在建立联结的过程中要注意消退的出现，也就是刺激物和条件刺激给予孩子的反馈过早或过晚。例如，孩子想要得到一套绘本，但下一次考试还要隔很久，那这时候将学习和获得绘本的奖励联系在一起就是不合适的。相反，可以通过将绘本和更短期的目标进行联结的方式来创造条件反射，例如，承诺孩子每按时完成一天的作业可以获得两页绘本的购买进度，这样孩子每天都和奖励有联系，联结也就逐渐建立起来了。

需要注意的是，奖励的性质和吸引力是孩子是否有动力去完成目标的关键，但孩子能否将学习本身内化成自己的习惯，取决于自身的投入程度，以及家长能否及时引导孩子真正爱上学习。奖励只是帮助孩子更好地去培养良好的习惯。家长一定不能将奖励当作利用和控制孩子的手段，更不能将孩子的一切和奖励挂钩，这样可能会导致孩子的内驱力不足，让其所有行为和表现都受到外力的驱动，当奖励被取消或不能再满足孩子的进一步需求时，过去的教育和培养，以及孩子对未来的美好期望都会崩溃。所以家长要注意，一定只是对少数非常关键、非常难通过日常交流实现的行为和习惯进行引导。良好的习惯会让孩子受益终生。

5. 避免不良的次级联结

除此之外，次级联结的形成也是家长需要注意的，例如，男孩选择游戏机作为期末考试的奖励，家长可以答应，但必须和孩子商量好游戏机每日的使用时长以及使用方式。家长必须在商量好奖励的基础上再给予承诺。如果放任孩子随意索取奖励，而奖励又给孩子带来负反馈，使其养成不良习惯，那再纠正起来就非常困难了。尤其是因为联结形成的次级联结，对其矫正可能会导致联结的消退。这样就得不偿失了。

总的来说，家长要想利用条件反射理论来引导孩子形成良好的习惯和表现，就一定要注意每一个要素的性质和可能带来的影响。奖励要和生活相关，最好不要带有负面性质，比如，做不好不让吃饭，这不是联结，这是负反馈。奖励本身对孩子来说要有足够的吸引力，要能驱动孩子改变不良行为，朝着家长引导的方向发展。设立的目标要切合实际，按照教育心理学来说，教学的目标应该比孩子现在的能力难一点，让孩子既不能轻松达成，也不能没有达成的希望，挫败孩子的积极性。培养的目标也应该如此，既不要太难，让孩子无法达成，更不要太简单，让孩子轻松实现，应该像爬梯子一样，一级一级，逐步实现。

消退的研究则提醒我们，如果希望孩子养成一个良好习惯和联结，就必须对孩子的需要做出及时的反馈，对孩子在养成良好习惯过程中的需求给予及时的满足。例如，如果孩子想学街舞，就答应孩子在学习任务完成后就可以报班，而孩子在学会每一个动作之后向你展示时，你都应该给予积极反馈，只有反馈及时，孩子对舞蹈的兴趣才不会消退。

次级联结的现象则提醒家长，在对孩子的行为进行奖励时，一定要注意奖励的性质，奖励不好或者过重，都不利于孩子的发展。例如，如果奖励给孩子游戏机，又不闻不问不管控，孩子的兴趣很快就会转移到游戏机上，之前的努力就付之东流了，更严重的是，如果因为游戏机引起矛盾，之前希望孩子培养的习惯或者行为，可能就会成为孩子避之不及的禁区，孩子便不会再朝着那个方向去发展。

所以家长在使用奖励来引导和培养孩子时，一定要注意方式方法，只有正确恰当地使用奖励来强化孩子的良好习惯，孩子的成长才可能更加顺利。

小 结

本章我们详细介绍了儿童、青少年行为习惯养成背后的心理原因和机制。

第 1 节我们讲述了哭闹和个体生存进化的关系紧密相连，但家长也应该注意到后天哭闹和无理要求的联结迁移，这是在社会学习理论视角下我们可以看到的，孩子会模仿其他孩子用哭闹来获得不合理需求的满足。家长要注意分辨孩子哭闹的原因，尤其要和亲朋好友沟通好，教育的问题不能因为面子人情而受到阻碍，很多时候教育不只是家庭内部的事，也是人情互通的问题。

第 2 节我们介绍了关于延迟满足的实验，通过实验我们可以看出，自我掌控能力强的孩子在适应社会生活和延迟满足上的表现都更加好。家长可以借鉴维果茨基关于最近发展区以及脚手架教学的理论，帮助孩子发展延迟满足的能力。

第 3 节我们说明了儿童的撒谎行为源于心理防御机制，并系统介绍了个体在成长过程中可能使用的十六种心理防御机制，他们统摄在五种机制之下，分别是逃避机制、自骗机制、攻击机制、代替机制和建设机制。任何心理防御机制的使用都是为了保证儿童的心灵能够保持稳定性，这是有益处的。但家长也要看到，任何心理防御机制的过度使用都会导致孩子心理发育畸形或者不健全。因此，如何引导孩子正确使用心理防御机制，才是家长应该做的，也是对孩子未来发展至关重要的事。

第4节我们讨论了为什么儿童、青少年会出现欺凌的行为，根据社会学习理论和社会微环境的相关知识，我们发现，儿童、青少年的不良行为主要来自社会微环境、同伴群体，是通过社会学习的方式习得的，并因为不良行为习惯会获得收益、表扬和他人的赞许而无法自行禁止。家长能帮到孩子的，既有未雨绸缪，防患于未然，让孩子远离这种不良行为；更有当不良行为已经养成之后，在不好的行为已经发生时，避免其对孩子造成不良影响，帮助孩子走出困境。这才是家长应该思考的问题，沟通是解决问题的首要条件。

第5节我们通过巴甫洛夫关于条件反射的实验探讨了儿童、青少年行为矫正的可能性。第4节我们提到了儿童、青少年会习得不良行为，伴随社会化过程，个体总会独立面对社会，这是不可避免的。第5节我们便通过条件反射、强化和反馈等，为家长帮助儿童、青少年矫正不良行为提供了一条切实可行的行动思路。

第三章

关于人际沟通的积极教育

沟通不仅仅是信息的互换，更是心灵的相互连接。真正的沟通建立在承认、共情、理解、接纳和尊重的基础之上，是怀揣善意和真诚的交流。良好的沟通可以消除心灵间的隔阂，能平息争端，能促进家庭和谐、改善亲子关系，更能帮助家长矫正孩子的不良行为。

导 语

孩子的培养和教育，是家长极为关注并努力去做好的一件事，如何将孩子培养成社会适应力强，至少是遵纪守法、努力工作的成年人，是每一位家长持续思考的问题。

对儿童和青少年的教育，从时间上来看，就是如何将孩子从身体、心智、性格等方面，逐渐培育成一个能独当一面，适应社会变迁和发展的人的过程。如何帮助儿童、青少年顺利度过生命早期这段时光，尤其是这段时光对于孩子的未来发展有着极其重要的影响。第一章通过一些发展心理学家关于孩子的语言、概念、性格和生理需要的发展理论使我们了解到孩子成长的关键期，家长如果能利用好孩子成长的关键期，先一步帮助孩子养成良好的行为习惯，就是真正地让孩子赢在了起跑线上。

而从结果来看，对儿童和青少年的教育，就是培养儿童和青少年养成良好的行为习惯，避免或摆脱不良的行为习惯。实现这两个目标需要家长在日常生活中多关注、陪伴孩子，以好的言行举止影响孩子，并能及时发现儿童、青少年养成的不良习惯，引导孩子及时改正。第二章具体讲述了不良习惯的成因、类型以及如何区分该行为习惯对儿童、青少年来说是好习惯还是坏习惯。

在对儿童的教育中，行为矫正和习惯养成是很重要的方面，但如何才能帮助儿童实现这两个目标呢?

看完前两章的家长会发现，每到“送给家长的教养策略”的环节，我们都会强调，家长能给予孩子的助力，首先就是重视沟通。通过沟通，家长可以了解孩子的真实心理需求。沟通对于解决任何问题都是至关重要的，因此，家长首先要利用沟通，了解儿童、青少年的所思所想，在充分共情儿童、青少年的情况下，再根据成年人的经验来引导儿童、青少年朝着正确的方向前进。

为了说明沟通的重要性，本章用 4 节内容详细介绍了孩子和家长之间的沟通、言语交流之外的沟通、助推、环境因素以及群体关系等知识，这些都是儿童、青少年成长过程中面临的沟通情境。

第 1 节我们会介绍一般意义上的沟通，包括社会心理学是如何界定沟通的，沟通的类型，以及沟通过程中能使用的一些技巧。希望这些技巧和沟通情境能帮助家长更好地了解自己的孩子，并在沟通中获得自己需要的信息，完成家庭教育和培养目标。

第 2 节我们会介绍行为经济学和社会心理学前沿的助推理论，通过助推理论和技巧的介绍，帮助家长更好地完成与孩子的沟通，同时通过侧面、潜移默化的方式来影响孩子的行为表现。

第 3 节我们会探讨家庭环境、家长构成的儿童初次社会化的场所，如何影响儿童的性格、习惯。这一节我们会看到很多现实的研究和结论，有很多注意细节，需要家长重视起来。

第 4 节我们会看到儿童、青少年在同伴群体中的交流、社会化过程以及同伴群体之间是如何沟通的。怎样才能判断一个同伴群体对孩子是好是坏？如何取得孩子的同伴群体的信任？孩子如何更好地融入群体？本节会详细介绍。

总的来说，本章将家长和孩子之间的沟通作为基本出发点，一路拓展，对孩子可能面临的沟通情境做了具体的介绍，并且进行详细的分析，让家长了解到这些现象都是如何影响儿童、青少年的成长的。

希望家长朋友们能从本章中学习到一些实践性的沟通技巧，真正助力孩子的成长和成熟。

第1节　亲子沟通：沟通对儿童青少年的影响

儿童、青少年如何和家长沟通呢？尤其是当孩子处于叛逆期时，家长的建议很多时候都会被孩子误解、曲解，以致孩子不愿意接受家长的建议，甚至出现逆反行为——你不让我做，我偏要做；你让我做，我偏不做。遇到这样的情景家长要怎么办？

第二章我们具体讲述了儿童、青少年可能遇到的各种行为习惯问题，包括撒谎、欺凌、哭闹、发脾气等。这些不良行为习惯对儿童、青少年的影响极大，家长需要在充分沟通的基础上对孩子的行为做出矫正和引导。

通过以往的教育失败案例，我们会发现，无论家长打算做什么，最忌讳的一点就是用成年人的主观视角，在完全不考虑孩子的感受的情况下，直接替孩子做出决定。这一点在儿童时期的负面效应可能不是特别明显，但当个体成长为青少年，叛逆心理萌芽时，这种行为对于亲子关系的破坏性空前强大，孩子和家长的关系会变得极其紧张。更重要的是，家长替孩子做出决定，不能锻炼其决策能力，不利于孩子在未来独自社会化时形成社会适应能力。

家长能为孩子做怎样的决定？家长如何才能真正帮到孩子？孩子需要什么？家长如何才能知道？这些问题的基础都是沟通。家长只有和孩子充分沟通，在理解孩子想法的基础上，因时因地根据孩子的性格能力，帮助其选择更加成熟和长远的发展方向，才能真正帮助到孩子。

那么，这就产生了另外两个问题：家长要如何与孩子进行沟通？以及在沟通后家长要如何对孩子给出建议才能让他接受呢？这就需要我们了解沟通的相关内容，以及沟通的技巧。

首先我们来看什么是沟通。广义的沟通是指人与信息的相互作用[1]，人与机器之间的信息交流，以及与大自然界的信息交流。狭义的沟通主要是指社会生活中的人际沟通，是信息的发送者与信息的接收者之间的信息相互作用的过程。

从上述定义中我们会发现，沟通是一种信息交流的方式，信息交流一定是源于交流双方有交流的诉求，或者至少有一方需要交流。这就构成了沟通的三种功能：决策、社交和心理功能。沟通有助于个体解决内心的困惑，可以帮助个体进行社交，更重要的是，经过沟通之后，个体会逐渐形成对决策结果的偏好并最终做出决策。

因此，沟通是极其重要的，但沟通交流过程中我们还要注意沟通双方的背景，即双方是否对沟通的具体内容有共同经验，语言是否相同，对于内容的理解是否一致，还要考虑双方在沟通过程中可能出现的障碍，例如，一方是不是饿了，是否处于极其恐惧的状态中。

我们以孩子做错事家长暴怒为例，这时的沟通就是无效的，孩子对做错的事情本身可能并没有任何概念，和家长并没有共同的经验和相同的理解，而且家长暴怒时，孩子会处于极度恐惧的

1　金盛华 . 社会心理学 [M]. 北京：高等教育出版社，2010.

状态中，这时候双方的沟通不能传播任何有价值的信息。

那么家长何时与孩子沟通，如何与孩子沟通才能取得有价值的信息，并帮助到孩子呢？社会心理学家对依从和服从的研究，对家长有很强的借鉴意义。

依从的原因和技术

依从是指个体因为他人的期望压力而接受他人的请求[1]，使自身行为符合他人期望的现象。依从行为是人与人之间发生相互影响的基本方式，依从行为虽然有迫于他人压力的成分，但主要还是以自主为特征的。依从在家庭关系中使用得很少，但实际上，依从作为一种有利于沟通的劝说方式，有利于家长更好地了解孩子。

依从和服从不同，服从是指个体在权威命令之下，迫于规范和压力，做出指令相关行为的现象。在家庭教育的过程中，服从是一种更加常见和普遍的现象——家长给出指令，不允许孩子吃零食，孩子被迫服从。但有时候，依从是一种更适合沟通交流、达成目的的方式。接下来，我们介绍几种心理学常见的依从的原因和技术。

依从行为产生的原因有三点：潜在损失危机、互惠心理、喜爱和熟悉。在家庭教育中，后两者使用的概率更高一些。

像是互惠心理，例如，妈妈让孩子帮忙打扫卫生，孩子会考虑到自己想让妈妈买零食吃，如果自己帮忙打扫卫生，妈妈答应

1　金盛华．社会心理学[M]．北京：高等教育出版社，2010.

买零食的可能性更大，因而选择完成妈妈的指令。

喜爱和熟悉则是家长和孩子朝夕相处，孩子对家长的喜爱可能会导致孩子无条件地服从家长的要求。例如，之前网络上很火的某童模，为了家庭生活，听从家长的指挥一天换上百件衣服以赚取养家糊口的费用。

潜在损失危机是指儿童、青少年对家长的要求并不熟悉，在担心拒绝会失去一定好处的情况下，选择相信家长的建议，接受某一行为。[1] 例如，家长要求孩子去上兴趣班，孩子并不知道上兴趣班能获得什么，但由于害怕别人都去了，自己没去的话会丧失一定的好处，在受到压力的情况下主动选择去兴趣班。

依从是社会心理学中的一个热门话题，尤其是将依从和劝导结合起来，可以构成很多商业营销的典型技巧。所以家长要谨慎使用依从诱导的策略，防止孩子受到的诱导过多，产生厌烦、逆反心理，导致依从诱导失效。

依从诱导技术主要包含五种基本技术，分别是登门槛技术、低球技术、留面子效应、过度理由效应和最低要求启动策略。接下来，我们对这五种基本技术进行一一介绍。

1. 登门槛技术

登门槛技术源于商业营销实例，是非常常见的推销技巧。登门槛技术本意是指只要销售员能跨过顾客家的门槛，那他最终一定会实现推销的目的。心理学家借用“登门槛”一词，来形容当人们打算提出一个较大的要求之前，先提出一个较小的要求，从

1 金盛华 . 社会心理学 [M]. 北京：高等教育出版社，2010.

而使得较大要求被接受的可能性大增的现象。

登门槛技术在商业领域的应用过于广泛，以至于在多数时候并不能奏效。例如，地铁上会有请乘客帮忙关注公众号的兼职人员，一开始人们还会关注，但后来发现关注该公众号一段时间之后，公众号会频繁发送各种广告信息给自己。这样的事件多了，公众对于帮助他人满足小的需求（如关注公众号）后，被要求满足更大的需求（如频繁接收广告信息）的登门槛技术充满了抵触和戒备，因而这种技术也逐渐被商业弃用。但家庭教育中还很少使用该技术，家长可以利用孩子喜欢吃的菜，在吃饭的时候让孩子吃这种菜，并告诉他喜欢吃这种菜的孩子是好孩子，然后再要求孩子多吃点青菜，说多吃青菜更是好孩子，用这种方式帮助孩子均衡饮食。

2．低球技术

低球技术是指个体在他人满足自己的要求之后迅速提出更大的要求，这时候大的要求被接受的可能性更大。[1] 低球技术和登门槛技术相类似，其区别在于，登门槛技术是小要求得到满足之后过一段时间再提出大要求，就好像刚开始只要求人们关注公众号，后来要求人们对发布的内容进行阅读、点赞、转发、评论和打赏。

而低球技术是即时的，小要求得到满足后立刻提出大的要求，就好像用小球（小要求）去撞击大球（大要求）一样。

1　金盛华．社会心理学 [M]．北京：高等教育出版社，2010.

3. 留面子效应

留面子效应又称互惠让步技术，是和“低球”“登门槛”相对立的一种现象。它是指要求者一开始会提出总是被拒绝的极端要求，接着将要求退回到一个自己事先想要实现的小要求上。[1] 被要求者出于人际关系的考虑，在拒绝了要求者的极端要求后，几乎都会满足第二个小要求，这种现象就被称为留面子效应。

在家庭教育中，家长可以要求孩子做非常苛刻的承诺，例如考试考 100 分，努力做家务，今天不看电视，等等。在被孩子拒绝后家长装作很伤心难过的样子，随后将要求降低，例如，改成让孩子考 90 分，帮妈妈扫地，今天只看半个小时电视，等等，这样的要求几乎都会被答应。

4. 过度理由效应

过度理由效应是指通过更有吸引力的外部理由替代个体原本实施该行为的内部理由，通过将内部理由外化，来实现对个体此行为的操控。

有一个很好的实例，说有一个心理学家的院子外来了一群孩子，总是在院子外踢球，十分吵闹，心理学家不堪其扰。有一天，他将孩子们叫到院子里，邀请他们每天来踢球，并且给他们报酬。这样一段时间后，孩子们习惯了为了获得报酬而踢球，心理学家于是开始减少报酬，直到没有报酬。此时，这群孩子因为没有踢球报酬了，全都愤愤不平地离开了，心理学家也达到了自己最初的目的。

1　金盛华 . 社会心理学 [M]. 北京：高等教育出版社，2010.

家庭中如何使用过度理由效应呢?

家长可以借此帮助孩子矫正不良行为。例如，孩子喜欢看动画片，家长就每次给孩子买薯片并将其当成他看动画片的奖励，时间长了，孩子就会习惯看动画片时有零食吃，然后家长开始减少零食的份额，直到最后不再提供零食。这样，孩子的失望情绪就会越来越浓，直到最后拒绝看动画片。

此外，家长还可以运用这个方法帮助孩子形成良好的行为习惯，例如，告诉孩子做家务就能得到看动画片的许可，这样，孩子就会逐渐形成想看动画片就得做家务的交换思维。

5. 最低要求启动策略

最低要求启动策略是指个体向他人提出几乎不可能被拒绝的要求，被要求者在实际操作过程中会由于考虑自身经济地位等要素而加倍实现要求的现象。[1] 例如，某慈善基金会向公众进行一元募捐，但实际当人们决定捐献时，捐献金额总是超过最低额度。

家长在引导教育孩子的过程中也可以利用这样的思路。妈妈请求孩子帮自己擦桌子，并要他只擦那一小块地方就可以了，但实际上，孩子开始清洁时，会做得比家长要求的更多。

上面我们详细介绍了五种依从诱导技术，但依从诱导也有失败的可能性。失败的种类有以下三种，分别是超限逆反、自我价值逆反和禁果逆反。

1 金盛华. 社会心理学 [M]. 北京：高等教育出版社，2010.

◎ 超限逆反

超限逆反是指由于要求过于苛刻，被要求者在几乎无法实现要求或接受的刺激过度时，自然做出的一种反应。[1]简单来说，如果家长一直让孩子学习而不给孩子休息的时间，孩子总有一天会受不了而罢工的，甚至可能就此对学习产生厌恶心理，不再努力学习。因此，家长一定要注意张弛有度，不能把孩子当机器，要多沟通，多商量。

◎ 自我价值逆反

自我价值逆反是指人们遇到会威胁自己价值观的刺激时，出于自我价值观的保护会选择反对该刺激。[2]在家庭教育中，如果家长一直强调孩子笨，有些孩子出于自我价值保护，会拒绝和家长进行沟通，因此，家长在教育、言谈中一定要注意考虑孩子的价值观保护，避免打击孩子的自信心。

◎ 禁果逆反

禁果逆反是指理由不充分的禁止会激发人们更强烈的探究欲望。[3]就像神话传说中，潘多拉好奇之下打开魔盒，使不幸降临人间。她越是被禁止，想打开魔盒一探究竟的欲望就越强烈。同样地，家庭教育中很常见的一幕是，家长越不允许孩子出去玩孩子越想出去，越不允许他去哪里玩，他越想去，这种禁止会使孩子更加好奇，更可能违背家长的意愿。所以在实际教育过程中，家长要分清哪些行为是允许的，哪些行为是坚决禁止的。

1　金盛华 . 社会心理学 [M]. 北京：高等教育出版社，2010.

2　金盛华 . 社会心理学 [M]. 北京：高等教育出版社， 2010.

3　金盛华 . 社会心理学 [M]. 北京：高等教育出版社，2010.

综上所述，家长在教育孩子的过程中，要注意使用依从的劝说技巧，同时要注意不要触及可能导致逆反心理发生的条件。只有这样，儿童、青少年才能朝着家长预期的方向去发展，实现家长望子成龙、望女成凤的愿望。

送给家长的教养策略

1. 不要轻易使用劝说技巧

上述劝说的技巧对于孩子来说可以说是百试百灵，比如，通过承诺、低球策略等方式帮助孩子均衡膳食，但在使用这些策略时家长一定要注意一点，不要轻易使用劝说技巧，以免孩子逐渐理解了这些行为的共同点，而在具体劝说过程中形成抗性，逐渐不再听从劝导。

2. 沟通内容最重要，形式和技巧只是辅助

家长很容易陷在形式和技巧的陷阱里，例如，只是买生日蛋糕给孩子，并将之视为表达对孩子爱意和关心的方式，但何种情景、怎样购买，是有不同含义的。例如，一位父亲工作很忙，总是要应酬，好不容易记起孩子的生日，于是在外卖平台订了一个很大很贵的蛋糕送回家，之后又陷入忙碌的工作中。但他深夜回到家后发现孩子并不在家，蛋糕还没拆封，一家人都知道孩子今天过生日，但没有一个人及时赶回来，最后孩子拿了钱和朋友出去玩乐去了，虽然没发生意外，但亲子关系就此凝滞，孩子再也没有和家长敞开心扉说过什么。

这提醒所有家长，沟通内容本身才是最重要的，无论使用何种沟通方式和技巧，沟通内容本身，才是亲子沟通最本质的互动部分。只有内容本身是良性互动的，亲子沟通才能真正帮助孩子成长。

第 2 节　养育助推：间接引导的影响

助推（nudge）是近些年从行为经济学领域兴起的一个概念，它的定义是：任何不依靠命令禁止或明显的经济刺激方式，而利用个体在选择时的行为偏好或非理性行为，以积极的方式影响人们的行为朝可预期方向发展。[1] 助推在保证人们自由选择的前提下，利用人性中的系统性行为偏差对选项进行设计，以低成本、低副作用，甚至无副作用的方式引导人们的决策，帮助生活中选择易犯错的人们做出更好的选择，变得更健康、更富有、更幸福。

助推理论的发展

2008 年，理查德·泰勒和卡斯·桑斯坦总结之前对助推技术的应用，在其书籍《助推》[2]（*Nudge*）中正式提出助推理论。但实际上，很早就有人使用助推这项技术了。比如，一个作物学家为了迅速普及土豆种植，对外说自己在培育一种非常珍惜的作物，甚至申请了一队卫兵来看守，最终在一个月黑风高的夜晚，一个农民偷偷刨走了所有土豆苗。这使得土豆被农民迅速接受、重视，

1　何贵兵，李纾，梁竹苑．以小拨大：行为决策助推社会发展 [J]. 心理学报，2018,50（08）：803–813.

2　刘永芳，范雯健，侯日霞．从理论到研究，再到应用：泰勒及其贡献 [J]. 心理科学进展，2019,27(03):381–392.

并普及开来。作物学家所使用的就是助推技术。

心理学关于是否可以利用个体的非理性产生了两派对立的观点，一派以西蒙和吉仁泽为首，认为人类的非理性可以发展、利用，是可以信赖的。吉仁泽在这样的思想指导下创造了生态理性和社会理性理论。而另一派以卡尼曼为首，他认为人类的理性是不可靠的，不值得依赖。双方对此展开论战，助推便是在这样的思想交锋的基础上诞生的，而理查德·泰勒对助推的研究，更是将助推技术推向了又一高峰。

泰勒的理论研究始于西蒙的有限理性，泰勒在西蒙的有限理性的基础上提出了“有限理性—有限自利—有限意志”三位一体的逻辑体系[1]，这构成了行为经济学的三大支柱。在三位一体逻辑基础上，每个个体都会形成心理账户，心理账户最早也是泰勒提出的。心理账户的出现为后续助推技术的使用、发展找到了载体，所有助推技术本质上来说都是对个体心理账户的影响，以期对个体的行为产生影响。

有学者将助推的各种方式总结如下。

针对决策者的助推方法，包括设置心理账户(如设置具体的支出或收入账户及账户关联，以影响消费或储蓄等)、预先承诺(提高决策者对特定行为的预先承诺)、预判错误(提高容错力)、心理启动(如询问行为的时间、地点和方式等，以提升对行为的执行倾向，用无关刺激启动行为倾向)等。作为选择的源头，决策者心理状态的改变会对决策行为产生决定性影响。

1 何贵兵，李纾，梁竹苑．以小拨大：行为决策助推社会发展[J]．心理学报，2018，50(08)：803–813.

针对信息的助推方法，包括信息披露、信息凸显、信息可视化、信息消冗、提供告警信息等。任何决策都依赖于信息，通过改变决策者获取信息的种类和数量，凸显应重视的信息，或降低获取某类信息的难度等，都可以达到干预决策行为的目的。

针对决策选项的助推方法，决策选项结构、表达方式、关联诱因等的改变都会影响决策者的偏好。针对决策选项结构的助推方法，包括改变默认选项、改变选项顺序、选项结构化表征、迫选设计、精简选项（只提供少量重要选项）、精简维度（筛选保留少量重要维度）、提供中间选项等。针对决策选项表达方式的助推方法，包括正负框架措辞、显示或隐藏机会成本、改变时间表达方式等。针对决策选项关联诱因的助推方法包括增加或降低特定选项的成本（或收益）和执行难度、凸显特定诱因、绑定承诺（将特定行为与确定发生或确定不发生的其他行为进行绑定）、自我禁止（自行阻断进行特定行为的渠道）等。

针对决策程序的助推方法，包括简化决策程序、提供智能决策辅助、设置冷静期（保留修改和反悔的机会）和推迟决策等。现实中的许多决策问题往往因决策选项和属性过多、信息量过大等原因显得过于复杂，使决策者无所适从。此时，提供明确和简洁的决策程序，如 RECAP(Record, Evaluate, and Compare Alternative Prices)，或提供智能化决策过程辅助，将有利于决策者做出好的决策。

针对决策环境的助推方法，决策环境（包括社会环境和物理环境）会影响人的决策，因为其中往往包含了决策参考信息或行为诱发因素。相关的助推方法包括社会规范诱导（如提供大部分人的选择）、社会学习（提供他人选择的后果）、物理环境改变等。

有研究表明，经常闻到清洁剂的气味，能使用餐者更倾向于保持餐桌的清洁。也有研究发现，过于正式的商务环境陈设可能使人变得针锋相对，缺乏合作精神等。

接下来，我们对其中一些方法做简要的解释。

关于预判错误，比如孩子考完试后，大概意识到自己没有考好，那么孩子对于自己的预期就低，也就不会产生太大的失落感。

关于心理启动，比如在一个街角放一张很可怜的孩子的生活照，然后在20米外放一个捐款箱，可能人们的捐款金额就会上升。

关于提供智能决策辅助。大家都网购过，进入网站后发现推荐网页推荐的商品都是自己近期想要的，于是不自觉中就买下了自己喜欢的商品。

关于设置冷静期，比如买基金，现在一般会T+1[1]买卖，就为了让大家有一个冷静期。这里有一个常识，那就是大家千万别夜里做决策，有研究表明，人在夜里情绪最丰富，因此做出决策后最容易后悔。所以，千万别在夜里买东西、表白、做决策。

关于推迟决策，它和设置冷静期差不多。冷静期是设计一个给你反悔的机会，推迟决策则是帮助你把决策向后推。一个是买好了，你可以取消；一个是买之前可以再想想。

关于物理环境改变，有研究发现，昏暗的灯光、自然环境、有自然视野的窗口等，都有助于个体创造力的激发。

关于迫选设计，比如买牛肉面，老板问你要一个煎蛋还是两个煎蛋，这就是迫选，根本不给你不要的机会。

关于显示或隐藏机会成本，比如，有的大学生做家教辅导的

1 T+1是一种股票交易制度，即当日买进的股票，要到下一个交易日才能卖出。

时薪是 200 元，看似报酬丰厚，但实际上考虑到备课和通勤成本，可能时薪不到 80 元。

关于改变时间表达方式，比如有的商家会说，如果买家对商品不满意可在一个商品购置周期内无理由退货，而商品购置周期呢，就是商家规定几天就是几天了。

关于绑定承诺，比如买机票，一看价格是 800 元觉得挺便宜，付款才发现需要 900 元，原因是它绑定了机建和燃油，只要买机票就得买。

送给家长的教养策略

了解了那么多关于助推的定义和应用，那么助推对于孩子的家庭教育和培养，究竟有什么借鉴价值呢？我们回忆助推的定义：任何不依靠命令禁止或明显的经济刺激方式，而利用个体在选择时的行为偏好或非理性行为，以积极的方式影响人们的行为朝可预期方向发展。不依靠任何强制方式，只是利用被助推者自己的偏好和非理性行为，影响其朝着更加积极的方向发展。这和家庭教育中家长对孩子的预期是一致的。

1. 目标要合理

我们来看家长如何使用助推技术来帮助孩子更好地成长。先看在心理学中广泛应用的默认选项技术。如果家长希望孩子能记住更多的单词，那么在询问孩子今天能背诵多少个单词时，应该直接问，宝宝你今天是要背 20 个单词还是 30 个单词呢？这样孩子的选项被固定了，就不会出现偷懒只背 5 个单词的现象了。

再比如改变内容的表达方式，如果家长打算劝说孩子做某事，就要多从正面、收益的角度表述该选择。例如，告诉孩子，读书多的人，修养高，有文化，受人喜爱，那些很出名的人物私下都有读书的爱好。尽量不要说到读书的难处，例如，有些书本内容比较枯燥、艰深难懂等，这样孩子选择读书的可能性就更大。而当你想要劝说孩子不要做某事时，则尽量从损失、负面的角度去表述。例如，看电视会导致视力下降，戴眼镜又很不方便；长期坐着会影响脊柱发育，还容易让人发胖；等等。通过这种方式来帮助孩子远离不良的生活习惯。

2. 营造助推的环境

此外，助推作为一种侧面的、非强制性的影响，对家庭教育的启发不只表现在语言劝导上。

有研究者发现，环境在一定程度上也会助推个人的成长与发展。具体来说，在光线相对昏暗的环境中，个体的创造力更强；处于好听的音乐环境之中时，个体的创造性和效率也会更高；当人处在天然材料或者自然景观中时，其身心更加健康和愉悦。还有就是，当个体所处的环境中有一扇可以远眺的窗户时，个体的创造力更好，思维更敏捷。

这就启发家长应该尽量创设类似的环境以帮助儿童、青少年更好地成长。例如，孩子如果有弹钢琴或者画画的兴趣爱好，画室、琴室的布置就要尽量选择光线较暗、多植物盆景摆放、有落地窗且能远眺的房间，可以的话再增加一些适合的背景音乐，这样能很好地帮助孩子发展兴趣爱好。

本节要告诉家长的一个道理就是：如果你实在没有时间陪伴孩子，那至少要在环境等各个侧面给予孩子一定的助力，至少不要成为阻碍孩子成长的拖累。居住在麻将馆、网吧的孩子，很难形成文静的脾气，居住在家长精心准备、能满足助推要求的小房子里的孩子，至少能避免这些不良环境对成长的不利影响。

环境的物质富裕程度并不是我们关注的重点，重点是能否从培养孩子的角度出发，为孩子营造一个能帮助其成长发展的环境，以助推孩子朝着更优秀、更成熟、更从容的方向进步。

3. 注意环境和心理的交互作用

行为主义学派强调个体和环境的交互作用，并且认为，教育能改变人的本质。

助推就是将环境、教育和人的交互，做系统审慎的思考，并有意识地利用交互的技巧，帮助人成长和飞跃。

助推能帮助个体向好的方向发展，实现积极的飞跃，更常见于成年人群体的相互交流中，但家庭教育中也可以引入类似的技巧，帮助孩子成长。

第3节 沟通困难：家长和环境的影响

第2节我们讲述了助推的技巧，以使家长在与孩子的沟通交流中更好地帮助孩子。但孩子和家长应该是怎样的一种关系呢？

你是否见过这样的例子。一个“熊孩子”失手打碎了别人喜爱的手办，还趁人不注意偷偷丢掉，被发现之后号啕大哭，家长一边回护孩子一边振振有词：“不就是个塑料玩具吗？至于吗？弄哭我家孩子，我跟你没完！”又或者是，“熊孩子”把他人推下楼梯，家长还不停强调他还只是个孩子。这样的新闻近些年来层出不穷，“熊孩子”的行为越来越令人气愤。

此外，一些孩子离家出走的新闻也让人不禁担心起家庭教育的问题来。某地14岁少年因和家长拌嘴，离家出走10日未归，失联；某地少年因与母亲吵架失手杀死母亲，目前在逃……

这些例子都让社会各界反思，我们的教育究竟怎么了？亲子关系为什么变成这样了？

上述问题的一个共同原因在于，家长和孩子的互动、沟通出现了问题。家长和孩子不在一个频道，家长以为你好、爱你之名伤害孩子，孩子不停地反抗并成为所谓的“熊孩子”，或接受家长的教育，将生活、家长、家庭给予的不满宣泄给其他人。孩子并不是最应该被我们谴责的主体，孩子只是白纸，所谓赤子之心，即不近善，不知恶，不畏死亡，不知恐惧。

他连生死都不害怕，你指望他知道什么是善恶美丑，就是苛责了。但家长不一样，作为已经开始养育孩子的成年人，没有足够的教养和情商，一味地认可情大于理法，大于一切利益（别人的），是很荒唐可笑的。

就“熊孩子”现象频繁出现的本质来说，这体现出家长作为成年人幼稚心理的一面：我家孩子那么娇贵，全天下都得让着他。这种心理本质上是家长主角幻想被现实打破后在孩子身上寻求补偿的一种幼稚心理。我可以不是拯救地球的主角，但我的孩子必须享受英雄后代的待遇，全天下都得让着他，他要一帆风顺，快快乐乐地长大。正是家长的这种错误心理最终导致了类似问题的存在。

幼年时期的家庭教育对孩子的一生都有至关重要的影响，蛮横的家长甚至可以消除学校教育对孩子的有利引导，老师说要乖乖听话，而孩子一回家就又变成魔王，但凡孩子有点儿闷闷不乐，家长都会到学校里去闹。这种情况下，学校教育在孩子心中的威信力大大降低，致使孩子缺少必要的社会教育，社会化进程受到阻碍。

家长很多时候对自己带给孩子的重要影响没有清晰的认知，家长是孩子社会化最早的对象和导师，家庭是孩子社会化最主要的也是最初的场所。可以说，孩子的性格能塑造成什么样，童年经历很大程度上就下了定论。那家长在孩子童年时期，要怎样更好地影响孩子？

送给家长的教养策略

1. 做孩子的行为榜样

如前文社会学习理论所述，家长是孩子观察学习的第一个样本，家长的行为很多时候决定了孩子的行为。一个吸烟的家长很难教育出一个不吸烟的孩子，一方面是因为孩子观察到的吸烟的次数太多，对吸烟的动作太熟悉，容易复现；另一方面，当孩子尝试模仿和复现时，家长的禁止和其理由并不充足，因为家长本身也吸烟，理由不充分的禁止只会引来禁果逆反心理，让孩子养成更加稳定持续的坏习惯。

2. 充分、平等、有效的沟通

我们通过一些访谈和调研发现，就像列夫·托尔斯泰《安娜·卡列尼娜》中的那一句："幸福的家庭都是相似的，不幸的家庭各有各的不幸。"成年后表现突出并且社会适应力强的个体，多半来自一个家庭教育良好，家长和孩子的沟通平等自然的家庭。

而上述社会新闻中的孩子，多半缺少家长的关爱和陪伴，平时亲子沟通交流更少，孩子缺少沟通引导慢慢形成了固执偏激的性格，再加上家长总是习惯从其他方面补偿孩子，最终就造成孩子习惯了无理取闹，无论什么要求都要得到满足。

当孩子已经形成了这样的观念，家长才开始改变自己的态度，尝试教育孩子时，教育的关键期已经过去。简单粗暴的管教只会导致孩子的逆反心理和对抗，甚至出现上述的反社会、反人类行为。家长该如何避免这种悲剧呢?

我们需要了解到，所谓的沟通交流，是指充分有效的沟通，这里的沟通是指有信息产生的沟通，并不是要求家长一直陪着孩子，这不现实。

家长即使一直陪着孩子，有时候并不会从沟通中获得有效信息。例如，有些富庶的家庭，家长一方甚至双方可能都不需要工作，只需专心陪着孩子，但两人只在乎自己的诉求，对孩子更多的是哄和闹着玩，并不把孩子当作平等的一分子，不了解孩子的内心，只是一味地强调自己的经验和看法，最终和孩子沟通不顺畅。相反，即使是在时间不充足的情况下，家长如果能让孩子了解自己的境况，并理解孩子的想法，家长和孩子之间的沟通就能产生有效的信息传递。

例如很多工薪阶层，家长每天起早贪黑、养家糊口已经很累，但孩子和家长的沟通就是有效的，因为孩子理解家长的处境，而家长也尽最大的努力在各方面照顾孩子，相对于前述富裕家庭的“巨婴式家长”而言，这样的家长和家庭教育可能对孩子的未来发展与成长有更大的帮助。

3. 营造良好的养育环境

如果说家长和孩子的沟通是家庭教育的主体活动，那么家庭环境就是孩子独自探索这个世界的首要场所，也是孩子待的时间最长的社会化场合。因此，如何设置家庭环境，如何从孩子的角度思考家庭的意义，才是家长需要思考的问题。

“入鲍鱼之肆，久闻而不知其臭；入幽兰之室，久而不闻其香。”家长和家庭环境对孩子有潜移默化的影响，因而在具体的家庭教育中，家长一定要努力营造好的教育方向和教育环境。

4. 注意沟通的方式和内容

所谓好的教育方向和环境，并不只意味着给予孩子优越的生活环境和足够的陪伴，很多时候，家长很容易将陪伴等同于沟通，甚至是有效的沟通。有效的沟通必须产生价值，对教育方向本身产生影响。好的沟通并不以长久的陪伴作为前提条件，正相反，很多时候有效的沟通都发生在短短几句话的交流中，这样的沟通一般都是高效且在不经意间发生的，因此家长在和孩子对话时一定要注意措辞和表达的意思。

有些家长大大咧咧，习惯在孩子面前百无禁忌，但正是这样随意的态度，才导致孩子从家长处习得非常多的坏习惯，如吸烟、撒谎、骂人等。这些习得坏习惯的孩子又在同伴群体中将这些坏习惯传播扩散，形成一条坏习惯的传播链，这就是欺凌行为的扩散传播链。

想要戒除这样的坏习惯的传播和扩散，就需要家长在最早期的教育过程中，给予孩子一个孕育良好习惯的体验环境，去抵挡不良习惯的影响。

关于家庭教育环境方面的知识，很多母婴教育的书籍都会写很多，例如，家里的家具都选用圆角的，材质尽量选择柔软而坚韧的，这样孩子在横冲直撞的过程中就可以减少伤害。

但实际上，长在温室里的花朵，并不能抵御真实的残酷，良好、温柔的家庭环境并不能帮助孩子形成对抗世界的能力，良好、温柔的家庭环境并不能保证孩子在户外运动不受伤害，甚至会导致孩子形成错误的观念：没有东西会伤害到他。因为即使他在家里摔倒多次，依然毫发无伤，即使他不停撞击碰到桌角，也并不感觉疼痛。这样的家庭环境虽是理想化的，但对孩子的发展带来的阻碍可能多于帮助。

5. 学以致用，创造良好环境

家长该如何布置家庭环境来帮助孩子发展呢?

我们首先来回忆之前学到的理论，弗洛伊德认为孩子会经过口唇期、肛门期、性器期、潜伏期等，也就是说，孩子在不同阶段有不同的需求。家长可以根据理论指导，对装潢的设置做一定的改变，例如，孩子处于口唇期时，家长可以在家里多摆放磨牙棒、奶嘴、零食、奶酪棒等利于咀嚼的东西，满足孩子的需求。

再例如，皮亚杰的认知发展理论认为，孩子会经过感知运动阶段、前运算阶段、具体运算阶段和形式运算阶段。孩子处于感知运动阶段时，家长可以通过购买拼音挂图、九九乘法运算表、积木、拼图等利于孩子认知能力发展的挂件或玩具，促进孩子的智力发育。

对家庭环境的设置，取决于家里的孩子处于怎样的阶段。家长要根据孩子的年龄、智力发育状况、兴趣爱好等，合理设置家庭环境。就好像维果茨基的脚手架式教学：设置的环境一定要能给予孩子一定的启发，促进孩子的成长，而不是仅让其停留在本阶段中。例如，一个 10 岁的孩子，家长就不应该将其寝室设置成糖果屋等低幼的装饰风格了。

人初生时，究竟是怎样的状态？哲学家洛克认为，人先天是一张白纸，毫无经验，人的性格、观念，都是后天学习得来的，白纸上有什么都是由后来经历所涂抹的。也就是说，你所呈现的状态，表明了你所有的经历。

哲学家贝克莱认为人像是一块大理石，我们所做的所有努力，只是为了雕刻和打磨，将自己打造成自己所追求的状态，也就是心理学上所说的米开朗琪罗效应。

但无论人初始是怎样的，未来的发展成就又如何，不可否认的是，环境和教育对个体造成的影响，比我们想象中的可能更大。尤其是幼儿时期，家长和家庭环境构成了孩子的全部，在这样的情况下，孩子的发展、成长，都受到整个家庭构成的环境的影响。因此，家长必须重视家庭和孩子的交互，根据孩子的成长阶段，因时因地调整环境设置和交流沟通方式。

第4节　内群体偏好：同伴群体的影响

对于孩子来说，家长和家庭是自己接触世界的开端，是社会化的初始阶段，具有极其重要的影响。但伴随孩子的长大，教育和社会化的重心会逐渐从家庭转移到学校。

从孩子去幼儿园开始，家长对孩子的作用和影响似乎就可有可无了，但真实情况真的是这样吗？儿童、青少年在学校的所见所闻、所思所想，都会在家庭中讨论、分享，家长就可以在这里着力帮助孩子成长。孩子入学后，与他人的交往会成为其生活的主流，小圈子、社交群体，就会自然而然地形成。

群体的身份认同，对于孩子的成长来说同样是一个非常重要的影响因素。举例来讲，如果一个孩子一直以自己是好学生为豪，就会努力保持自己的身份，好好学习，以加强自己的身份认同。但另一方面，如果群体的身份认同有问题，以不良行为为傲，那对孩子的不良影响就难以言喻了。

还有一种情况，一个学习成绩一般或较差的孩子由于在群体中无法获得认同，就容易变得叛逆，产生逆反心理，可能会加入不良团体，并从不良团体中找到归属感和认同感。就此想尽各种办法来维持自己在不良团体中的地位。

而他之所以这么做是因为他认可了不良团体，对他而言，他的身份认同是不良团体，他并不在乎其他人对自己的看法，只要能保持自己在群体中的地位，孩子并不认为自己是有错的。这样的例子非常常见，但很多家长并不能理解自己的孩子为什么“自甘堕落”，和坏孩子一起玩。

这里我们要介绍马斯洛的需求理论，以此来解释为什么有的学生会沾染不良习气，甚至死不悔改。

马斯洛的需求理论是心理学中非常有名的一个理论，也可以说是最为人信服的理论之一。马斯洛提出，人有各种欲望需要满足，每个阶段人们的需求不同，对应的满足程度也不同。[1] 例如婴儿，只要满足他的生存和安全需求，婴儿就会很满意地不再哭闹。

到青少年时期，人的需求会变多，生存和安全的需求依旧存在，但这时个体会提出归属和爱的需求、自尊的需求。青少年时期，人的自我意识觉醒，对尊重的需求和归属的需求格外强烈，甚至可以为此放弃一定的基础需求——生存和安全需求。这也就是为什么青少年很容易加入不良团体的原因。

不良团体会为成员提供一种归属感，满足了个体的自我认同需求，再加上个体在青少年时期处于角色认同的混乱时期，这也就导致了很多学生会自愿加入不良团体。

近来的研究发现，个体的群体忠诚度越高，就越容易忽视群体外成员的处境，越容易视群体利益最大化为主要目标，从而与群体外成员对抗竞争。甚至在一定程度上，高群体忠诚的个体会表现出更多的群体外暴力行为，更加支持群体间的战争。

这也就要求家长，在平时的社会化过程中，要和孩子仔细沟通，尤其是面对孩子归属群体的选择时一定要谨慎对待。群体内

---

1 [美] 马斯洛 . 人类动机理论 [M]. 北京：中国人民大学出版社，2007.

部的交流和耳濡目染会对孩子的行为产生极大的影响，因此，家长一定要多和孩子沟通，了解他的人际关系。家长还要帮助孩子认清一点：群体是变化的，任何群体都是由人构成的，对群体的忠诚或者说依赖程度可以有，但不能过度，对群体的不合理热爱会导致对其他群体的敌视，甚至带来冲突。

社会心理学家用内群体偏爱和外群体贬损来解释上述现象。社会心理学家经过研究提出了群体内存在的内群体偏爱现象和外群体贬损现象。由于群体是由一些价值观、理念、智力水平、年龄、性格都相近的个体构成的，人们会对自己熟悉的东西有更多的喜爱，所以个体对群体内成员的包容性更强，这也就是为什么在群体内部发生一些不良行为时往往会被容忍。与之对应的是，个体不熟悉群体外成员，尤其是面对陌生人时，个体会表现出更多的敌意，越是对群体认同，越是对群体外成员含有贬低的看法。

内群体偏爱和外群体贬损就构成了孩子们朴素的价值观：小圈子里的朋友对我很好，谁敢说他不好就是说我不好；陌生人我都不认识，肯定没有我的朋友们好。这就是孩子们中间总会发生矛盾争斗的原因，简单来说，这就是群体间摩擦的结果。

此外，还有一种非常反常的群体现象，内群体贬损和外群体偏爱。这样的群体取向主要出自弱势群体。当个体处于弱势群体时，他就会排斥、拒绝弱势群体这个标签，对群体内成员就会充满鄙视和排斥，因此形成了内群体贬损；同时，他会对群体外成员充满羡慕，形成外群体偏好。

群体间的交流和偏好，是社会心理学家关注的一个热门领域。青少年和他人发生冲突时，很有可能会牵扯到群体间的竞争。如何缓解群体间冲突，让儿童、青少年可以在正常稳定的环境中茁壮成长？一些心理学家通过实验给出了建议。

美国心理学家谢里夫做过一个著名的团体实验——夏令营实验。谢里夫曾在罗伯斯洞州立公园，召集了22名家庭背景相当的孩子，并将其分别安排在公园的不同地方进行自由活动。一段时间后，谢里夫召集孩子们开始实验。第一阶段中，他要求孩子们随机分成两组，分别在各自的区域内活动，并通过口号、队名、共同目标等方式来巩固小组内的关系。伴随着任务的深入，个体逐渐认同组织内部的关系，在其建立一定的集体荣誉感后，实验进入第二阶段。

第二阶段中，两组孩子会被要求做一些竞争性的活动，如拔河、接力赛等，胜利方会获得零食作为物质奖励，还会获得一定的象征性奖励，如奖牌、红绶带等。随着竞争的逐渐深入，两组成员之间的摩擦、冲突越来越多。有的孩子开始尝试通过破坏对方组的物品来赢得胜利，还会为对方成员起侮辱性称号，甚至不和对方成员同屋吃饭。两组成员相互的敌意和对立，正像我们前面所述的内群体偏好和外群体贬损。

谢里夫意识到下一轮实验的条件已经成熟。下一阶段中，谢里夫断绝了所有孩子的水源和食物，集中所有成员的力量完成新的任务，以获得食物和水源，两组成员被迫要合作。面临生存威胁，两组成员不得不配合起来完成共同的目标。实验进行了几轮之后，两组成员间的敌意和竞争不断减弱，可以和平共处。

实验的最终结论是，目标决定了群体间相处的状态：共同目标有利于削弱群体间敌意，使得成员之间友好相处；竞争性目标，尤其是你得我失的零和博弈，会使得群体间的竞争增加，甚至导致冲突。

谢里夫的实验告诉我们，想要消除群体间的敌意，尤其是减少摩擦和竞争，共同的团队目标是很有必要的。因此，家长应该倡议学校，多举办团队建设性活动，如春游、趣味运动会、集体表演等，共同目标有利于孩子间彼此了解，消除敌意，减少暴力事件的发生。

送给家长的教养策略

综上所述，家长应该在两方面注意孩子的动向：一是孩子和群体小朋友之间的交往，尤其是到了转变期，例如，升学后的班级分配，新认识的朋友会很快形成小团体，家长要注意和孩子沟通，从孩子的角度，通过孩子在交流中传递的信息，来判断孩子的朋友以及将要形成的团体是否适合孩子。二是团体形成后，家长要注意小团体本身的属性，如果是一群爱惹是生非、性格暴躁的孩子组成的团体，家长就需要尽快和老师沟通，帮助孩子摆脱圈子的影响。如果团体小圈子在班里和其他小圈子矛盾重重或总是出现摩擦，家长、老师、学校就应该努力创设一些有共同目标的环境，具体如下。

1. 设置合作的共同目标

谢里夫的实验发现，竞争性目标会导致两组人反目成仇。现实生活中也是这样，学校里最常见的朋友决裂就是双方目标发生冲突，比如，两个好朋友都想竞选班长，双方互不相让，竞争激烈；两个孩子都想和另一个孩子交朋友，两个人暗地里较劲，四处散布对方的谣言。

恶性竞争的土壤，种不出团结友善之花。为了避免恶性竞争和同伴关系恶化，家长和学校应该共同建设合作共赢的机制。成绩作为选拔人才的标准，竞争不可避免，但我们可以模糊竞争的性质，例如，目前各省发布的禁止公布成绩排名的要求，就是一个很好的模糊竞争性质的方法。还可以丰富学生的生活，例如，多举办排球赛、跑步接力赛等集体活动，体现合作精神。或者设置抽奖活动，将竞争目标转移到概率上而非同伴群体上，这样能帮助孩子构建良好的同伴关系。

2. 建立良好的沟通渠道

很多校园欺凌的发生，源于同伴之间的不良沟通，以致产生了误会。只有增进同伴群体间的沟通交流，才能解开误会，消除存在的敌意，最大限度上减少欺凌的发生。

有些学校会开设心理咨询室，通过了解学生最近的心理状态，来疏解误会和敌意。有的家长做得很好，他们对孩子在学校的活动很感兴趣，对于发生的欺凌和侵犯行为也能严肃客观地对待，并和老师一起努力，帮助班级建立良好秩序，形成友善团结的氛围。例如，邀请孩子的同学们一起去少年宫看电影，并带很多零食分给同学们一起吃；带大家一起去参观纪念馆，还会给其他小朋友拍照等。

3. 创造直接接触的渠道和机会，减少误会

社会心理学认为，消除歧视和偏见最好的办法就是直接接触。学校和家长应该尽力配合，创造同伴间可能的接触环境，例如，一起大扫除、一起做游戏等。在互动的过程中，同伴间的很多误会也就消除了。但一定要注意方式方法，不要导致伤害的加深，这就需要家长关注学生互动的内容，多设身处地地沟通交流。

小 结

教育的本质是什么？是更富有经验的个体向年轻的个体或新手讲述自己的经验，以使其逐渐明白成熟者意思的过程。在传达经验的过程中，沟通显得尤为重要，尤其是后人经过一番总结发现，沟通中存在许多技巧，能帮助人达成自己的目标，帮助年轻个体接受成熟者的看法，助推后人茁壮成长。

广义的沟通是指通过人与人之间互动的方式，将自己想要表达的意思传递给对方。这里的沟通方式，包括但不限于语言交流、肢体接触、眼神示意、模拟演示、书面表达等。所以在本章，我们详细讲述了孩子和环境、家长、学校、同伴群体等的沟通交流的方式，以及这些因素又是如何影响到教育效果的。

第 1 节我们详细介绍了依从的技巧，并了解到很多心理学现象与效应，都在消费、商业领域被应用得炉火纯青，但有可能进一步产生反作用，这提醒我们的家长朋友们，一定要注意技巧使用的时机和范围，若过度使用或使用不当，适得其反就得不偿失了。

第 2 节我们具体介绍了心理学理论应用前沿的助推技巧，并简要介绍了几个常用的助推方式，限于篇幅长度，更多常见的助推技巧，例如，默认选项、心理账户以及损失厌恶等，并没有在本节中提到，感兴趣的家长可以在网上搜索到更多的实例。使用过程中，家长一定要注意不要引起孩子的厌恶情绪，不然只会带来更多教育失败的经历。

助推的本质正如前文所述，是侧面用力，助推是指任何不依靠命令禁止或明显的经济刺激方式，而利用个体在选择时的行为偏好或非理性行为，以积极的方式影响人们的行为朝可预期方向发展。助推就是在沟通的非意识领域内拓展影响力。助推的目的是于无形中对对方的选择行为施加影响，这一点和家长对孩子的教育目标相符，因此家长在与孩子沟通交流的过程中应该多用助推方式对孩子加以引导。

第 3 节我们回到了教育的原点——家庭。通过对家长、家庭环境和孩子的共同交流互动的探讨，我们发现，家长对孩子的影响颇深，家长的教育和家庭环境的布置，以及家长和整个家庭共同营造的孩子的早期经历，极大地影响了教育这束光线的指向，究竟是指向光明，还是暗淡。也就是说，家长对孩子早期成长的影响，很大程度上决定了孩子未来的发展方向。

本章根据一些实证研究，给出了家庭环境设置中的一些建议，例如，较暗的灯光、柔和的音乐、天然的材料和可以远眺的窗户，都有助于孩子创造力的激发。

关于孩子在幼儿时期的家庭布局，本书认为环境设置不需要太柔软，这样会让孩子形成错误的观念，认为所有地方都会如此。温室中并不能养出适应社会、自然风暴的花朵，家长应注意孩子坚韧性格的养成。

第 4 节我们介绍了孩子对群体身份的认同，并从马斯洛的需求理论找到了有些学生“自甘堕落”加入不良团体的原因。对归属和尊重的需求会伴随人的一生，所以家长不只是要避免孩子和不良团体的接触，更重要的是帮助孩子找到一个合适的小团体，增强孩子的集体荣誉感。不良团体会做出非常多的极端事件，新加入团体的学生甚至可能做得更极端，以获得团体的认同。

有实证研究表明，当个体处于群体中，且对群体的忠诚度很高时，他对群体外成员的处境就会毫不在意，甚至对群体外成员的暴力行为也会有所上升。因此家长一定要注意引导孩子，不要让其将群体视为自己生活的全部，要注意打破其对于群体的盲目忠诚。

综上所述，沟通是教育的第一前提，只有相互了解对方的意图，孩子才可能从经验更多的成年人身上获得正确的教育。

本章详细讲述了家长要如何和孩子沟通，如何劝导孩子依从自己的规劝和意见，如何让孩子在和家长以及环境的交互中获得更多的成长，以及一些助推手段的应用。本书还探讨了该如何帮助孩子与同伴群体相处，要注意满足孩子对于归属感的需求。这些内容都是为了让孩子在成长过程中能获得又快又好的发展，事半功倍地达成目标。

第四章

关于情绪管理的积极教育

成功的秘诀就在于懂得怎样控制痛苦与快乐这股力量，而不为这股力量所反制。如果你能做到这点，就能掌握自己的人生，反之，你的人生会始终处于动荡变换之中。

导 语

有作家这样形容人的情绪：如果这世上真的有地狱，那就存在人们的心中。

据最近我国调查显示，我国国民的焦虑感日渐增高，不安全感也逐年攀升，相反幸福感和满意度逐年下降。这个和我们的GDP显示的数据完全相反的结果，值得我们反思。

经济学、社会学和心理学有一个跨学科交叉融合的课题——金钱和幸福感的关系。目前的研究构建了一个有趣的悖论——伊斯特林悖论：在经济发达地区，人们的幸福感会随着收入的提高而逐渐下降；在经济不发达地区，人们的幸福感会随着收入的提高而不断上升。

以至于后来有学者将微笑曲线引入该领域：收入到达一定临界值之前，个体的幸福感水平会随着收入的提高而上升；在临界值之后，个体的幸福感水平会随着收入的提高而下降。对后半部分收入提高但幸福感水平下降的现象，有学者解释说，收入处于该层次的多是中产及以上阶级，他们会有阶层下落的焦虑和工作的压力，因此，即使收入高于普通人，一部分中产阶级过得并不幸福。

社会上不时蔓延着这样一股风气：贩卖焦虑，追求“短平快”的成功，显得极其急躁。那么，在此环境下，社会化不完全的孩子处于怎样的状态中呢？他们的情绪控制会受到社会风气的影响吗？

我们从一些社会事件中可以窥见一些端倪：因家人阻拦玩游戏愤而杀死全家的 13 岁少年；因和奶奶拌嘴抄起农具打死老人的留守儿童……另外，校园霸凌事件这些年也越来越多，背后的原因简单、草率得令人瞠目结舌：有的是怀疑被霸凌者跟老师“打小报告”，有的是怀疑被霸凌者在背后说自己的坏话，有的是怀疑自己东西被偷了，有的是和家人吵架后气不顺……这些现象和幼稚的借口从本质上来说，就是个体无法控制自己的情绪。

情绪是一个人的心理状态和自我控制能力的体现，那么如何才能提高自我的情绪控制能力呢?

提高自我情绪控制能力，第一步要求我们认识情绪、了解情绪，只有知道情绪的基本分类，了解情绪运行的机制原理，明白情绪的出发点和启发源之后，我们才有可能掌握自我的情绪，努力成为自我情绪的掌控者而不是情绪的奴隶。这就是本章第 1 节要介绍的——情绪的基本分类及相关理论。

一般而言，负面情绪会导致个体情绪失控，使个体做出反社会、反人类的行为。负面情绪包括愤怒、绝望、后悔、郁闷等，但有心理学家在做梦境分析和心理咨询的过程中发现，个体的大部分负面情绪，细究之下都离不开自卑心理，自卑是人在生存过程中的一种常见的心理状态，人只有感到自卑、受到威胁时才有动力去努力、去进步，才能超越自己现有的状态。本章第 2 节会具体介绍新精神分析学派的代表人物阿德勒关于个体自卑情结的一些观点，来帮助家长更好地理解孩子在生活中的一些反常行为背后的心理机制。

除了自卑，孤独的心理状态也容易引发人的负面情绪，比如，在当今社会中，留守儿童是容易出现心理健康问题的群体之一。留守儿童是指那些常年无法和父母见面，只能和爷爷奶奶等长辈一起生活的孩子，他们之所以容易出现心理健康问题，究其本质而言，就是因为孤独。孩子对父母的期望、对父母承诺的希冀，都会伴随承诺无法实现、父母迟迟未归而逐渐转化为抑郁、怀疑、失落等情绪，最终给孩子带来强烈的孤独感。本章第 3 节会具体讲述孤独对孩子的意义，父母不在孩子身边的情况下，该如何引导孩子让其享受独处，而不只是排解孤独。

第 4 节我们会讲述如何引导孩子处理这些负面情绪。书中通过实证研究的结论来说明，有些负面情绪我们可以独自消化、自我解决，但有些负面情绪的处理可能就需要同伴群体、家长的倾听和支持。负面情绪不利于孩子的身心健康成长，因此，我们需要对孩子的负面情绪格外关注。

第 5 节我们会讲述所有孩子都会面临的一个问题——去中心化，也就是逐渐褪去主角光环，成长为一个普通人。这是孩子成长时期中最困难、最难以摆脱的幻觉，只有不受到该情结的影响，孩子才能在很多活动中表现得更加自然自如，而不是表现得极其反常，过度害羞或者拒绝。与此同时，在承认自己是一个普通人的情况下，我们应该如何引导孩子，提升自己的自我价值感，让其懂得即使是普通人也能活出自己的光彩。

只有在处理好孩子成长过程中可能遇到的各种负面情绪和情结的基础上，教育和沟通才能真正落到实处。也只有在处理清楚各种不利于孩子成长、阻碍孩子身心发展的负面障碍的情况下，家长才能放心让孩子独立接受社会的同化，放心让孩子独自成长。

第 1 节　情商教育：从认识情绪开始

隔壁两口子吵架，吵得不可开交，孩子在哭，电视机不断发出噪声，你完全睡不着，烦躁地摆弄着手机；逛街途中你听见有位家长撕心裂肺地呼唤着走失的孩子，身边别人家的孩子被吓得哇哇大哭，旁边一对年轻靓丽的女孩说说笑笑地走过，背后边走路边玩手机的人不小心撞到你，连连道歉，你有些昏沉地向前走着；家中长辈过生日，一家人和和气气地聚会，长辈红光满面，孩子个个开心，长辈也笑容和善，场景其乐融融，一切都是那么美好。

无论是哪种场景，你的所有经历都摆脱不了情绪的参与。有人说情绪是人生命的原动力，没有情绪就没有蓬勃旺盛的生命力。没有情绪的人，他的生活就像看电影一样，即使电影内容再精彩，对他来说也只是过眼云烟。这也是为什么我们将一个对生活没有兴趣、感觉和情绪的人称为“行尸走肉”，也就是说，他丧失了对外在世界的敏锐感知力，由人变成了毫无感觉和反应的物体。

这也是我们强调情绪的原因。一个孩子如果被教育得服服帖帖，只知道顺从和听命令，是长不大的，她 / 他丧失了作为一个人独立处理事务、感知世界的能力。

如何教导一个孩子成长为社会适应能力强，能够独当一面，从容应对任何问题的成年人？前文说了很多，无论是认知能力、运算能力、语言能力的早教培养，还是家长和孩子沟通中可以使用的沟通技巧，再或者孩子在社会化过程中家长给予的助力，这些都有利于家长实现教育好孩子的目标。除此之外，教导孩子处理好自己的情绪同样非常重要。

情绪的基本内容

了解情绪的第一步是知道什么是情绪，情绪的基本定义是什么，情绪的分类是什么，情绪又是如何影响人的。本节会详细介绍情绪的基本内容，以帮助读者朋友们了解我们生活中最重要、最常见的几种情绪状态。

19 世纪以来，心理学家对情绪的定义做了长期复杂而深入的研究，对情绪的实质提出了各种各样的看法，但情绪和情感的极端复杂性导致目前学界中还没有一个一致的结论。

比较主流的说法是：情绪和情感都是个体对客观存在的事物的一种态度、体验以及相应的行为反应。这种说法侧重于说明情绪是个体的愿望、需要等主观心理变量和客观的事物、情境的交互作用的产物，当客观事物和主观动机相一致时个体就会产生积极的情绪；反之则会产生埋怨、抑郁、愤怒、生气、沮丧、失落等负面情绪。例如，肚子饥饿，想要吃东西的人享受了美味大餐，就会感到满足、快乐，产生积极的情绪和情感；但若是个体的食欲迟迟不能得到满足或者吃到的东西乏善可陈，个体可能会产生不满意、否定、苦恼的负面情绪。

一般认为，情绪和情感是由独特的主观体验、外部表现和生理唤醒三部分构成的。主观体验是指个体对客观存在的态度所引发的不同情绪和情感状态的自我感受。每种情绪都会有不同的主观体验，又受到个体独特的知识结构、文化背景和心理资本的影响。例如，一个成功的政客能够做到宠辱不惊，而一个孩子面对夸奖时会喜笑颜开、手舞足蹈，面对批评时则会沮丧失落、闷闷不乐。

情绪的外部表现也就是我们常说的表情，它是个体面对情绪时产生的可以用来衡量个体情绪强度的动作量化形式，包括面部表情、姿态表情和语调表情。面部表情如喜笑颜开、愁眉不展等；姿态表情如手舞足蹈、捶胸顿足、摩拳擦掌等；语调表情如抑扬顿挫、慷慨激昂、泣不成声等。

生理唤醒是指个体处于情绪状态中的生理表现，例如，有的人生气时会满脸通红、眼珠发红，有的人则是害羞时满脸通红。最常见的生理唤醒是紧张引起的肌肉收缩、嘴唇发白等。

了解了一般情绪定义及其包含的基本要素后，我们就可以辨别孩子的一些情绪了。例如，孩子说自己肚子疼，但他的表情正常、语调有力，身体也没有任何不适的表现，我们就可以断定他/她说谎了。

此外，家长能辨别孩子的情绪有利于更好地实施家庭教育。例如，孩子失手打碎了一个碗，心里惴惴不安，告诉家长后，家长应该先观察孩子的表现。若孩子看起来泫然欲泣，身体微微颤抖，表情纠结痛苦，家长就应该出言安慰，给孩子以支持。如果这时候家长不管不顾，对孩子好一顿发火，那孩子和家长顺畅沟通交流的可能性就会在这样一次次的情绪宣泄中逐渐消失，最终孩子会关上心扉，而家长还觉得是孩子的问题。

接着我们来区分情绪和情感。过去它们被统称为感情，情绪和情感一般来说不做区分，但随着心理学对情绪的深入研究，情绪和情感的区分也就越来越清晰。简单来说，情绪是一种即时的、较为猛烈和突然的主观成分，人和动物都拥有，更像是一种生物本能。例如，猫在受到惊吓后会炸毛，并迅速跑到一边，人在遇到惊吓时会表现出类似的反应。

情感是一种基于主观认知，受个体知识结构等影响的认知性反应和体验，该体验较为稳定，轻易不会改变，是人类所独有的。这一点非常关键，正是因为情感是稳定的，不会轻易改变，所以我们要知道家长在幼儿期、青春期这两个关键期能帮助引导纠正的部分就是孩子的情绪部分。情感的矫正和引导在儿童时期和孩子形成自己的知识储备的过程中实现。

先说情感的矫正。所谓三岁看老，说的就是儿童时期对儿童气质、性格、价值观的培养。这一阶段儿童形成的气质特征对未来影响很大，形成的坏习惯需要很长时间才能矫正，这也是幼儿时期被称为成长关键期的原因。

再来说儿童价值观和知识结构的形成。这其中的一部分依赖于老师的教导和学校的教材，这些是普适性的，并不会导致儿童情感的差异。导致儿童情感差异的是儿童私下看的东西，例如，儿童时期看的动画片、连环画、童话书等。有研究表明，儿童的玩具也会影响到儿童的气质：玩拼图的儿童更具逻辑思维，玩洋娃娃的儿童情商更高。

2019 年，乐高制造商被一些消费者起诉，原因是乐高积木没有为女童开放卡车、工程车、消防车的选项，以及乐高人物的表情都是愤怒、忧郁等负面表情，不利于女童的坚强等品质的发展。负面情绪的面孔很有可能导致儿童习得负面情绪，并进而影响到儿童的性格特征养成。

儿童看的连环画、童话书同样会影响到儿童的性格养成。所谓“老不看《三国》，少不看《水浒》”，也就是说，老人看《三国演义》，容易看到内里的人情纠葛、天下分合，容易引起情绪波动，对身心不好；而“少不看《水浒》”是因为《水浒传》中多兄弟义气，多行侠仗义、豪气冲天，少年看了易动气，多寻衅滋事，对个人的发展不利。书籍对人的影响是潜移默化的，看经典名著长大的孩子和看粗制滥造的成功学、土味视频长大的孩子的情绪掌控能力肯定不一样。

情感的矫正主要发生在儿童、青少年早期，伴随孩子认知能力的发展，情绪的掌控才是本章的重点，我们结合具体的理论，来指导家长如何帮助孩子掌握自我情绪。

送给家长的教养策略

1. 了解情绪

首先，我们要了解，情绪和性格、气质完全不一样，情绪是短暂的、即时的，是可能会带来个体生理改变的主观体验。而后两者是稳定的个体特征。情绪的主要维度有哪些？家长应从哪里入手来矫正、引导孩子处理情绪问题呢？下面我们通过几个基本的情绪理论来开拓家长帮助孩子处理情绪的思路。

先来说几个三维度的情绪理论。心理学之父威廉・冯特在 19

世纪末提出了情绪的三维理论，认为情绪的三个维度分别是：愉快—不愉快、激动—平静和紧张—松弛。冯特的理论和现实贴合度还是很高的，基本上涵盖了情绪表现的主要行为特征，这提醒我们的家长可以在性质上、强度上引导情绪。例如，将不愉快的心情通过沟通倾诉或者转移等方式改为愉快的心情；通过听音乐来舒缓压力，降低情绪的强度。还有就是，一定要注意不要让情绪的紧张程度改变太多，否则紧张程度的改变可能会引起应激性反应。

20 世纪 50 年代，施洛伯格根据面部表情的研究提出了情绪的三个维度，分别是愉快—不愉快、注意—拒绝和激活水平。施洛伯格的理论很合适家长对孩子的表情进行分析，例如，孩子如果一直表现得不耐烦，打瞌睡，视线朝向其他方向，可能意味着孩子拒绝说教。这时候家长就应该放弃说教，静待其他时机，激活水平和愉快与否的理论内容和冯特的理论颇为相似，就不做展开说明了。

20 世纪 60 年代，普拉切克将情绪构建为一个倒锥体，将情绪分为强度、相似性和两极性，其中相似性和两极性共同构成了八种基本情绪。家长可以借鉴到，情绪在两极上难以转换，但向相似的方向转变是较为容易的，例如，从狂喜转换为接受，从悲痛转换为惊奇，这是家长化解孩子情绪的一种思路。

除了三维理论，心理学家伊扎德在前人的基础上提出了情绪的四维理论，认为情绪包含愉快度、紧张度、激动度和确信度四个维度，全面地描述了情绪的基本特征。家长可以发现，伊扎德的理论在原本的基础上加入了确信度的概念，这其实离现实生活更近了一步。原因是在实际生活中，个体掌握的信息有限，很多时候的判断是通过猜测进行的，如果孩子并不能了解家长行为的真实原因，就会表示怀疑，情绪也就更加不确定，这样的情绪状态是家长能矫正和处理的最好时机。这就警示我们的家长，和孩子相处时，对于那些可能引起孩子负面情绪的说法要尽量含蓄和遮掩，这样孩子的情绪才容易处理。

在了解了上述情况之后，家长要注意鉴别孩子的情绪，接下来我们介绍一些基本的情绪以及如何辨别它们。

在中华民族的传统语言文化中，情绪可基本分为 18 种，分别是安静、喜悦、愤怒、哀怜、悲痛、忧愁、忿恚、烦闷、恐惧、惊骇、恭敬、悦爱、憎恶、贪欲、嫉妒、畏惧、惭愧和耻辱。更简化的版本则将情绪分为 7 种，分别是喜、怒、哀、惧、爱、恶和欲。

20 世纪 70 年代，情绪的四维理论提出者伊扎德使用因素分析法将人类的情绪归纳总结为 11 种，分别是兴趣、惊奇、痛苦、厌恶、愉快、愤怒、恐惧、悲伤、害羞、轻蔑和负罪感。在基本情绪的基础上又产生了高阶的复合情绪，复合情绪既有由基本情绪混合而成的，如愉快、害羞；也有和内驱力相结合形成的，如性驱力 + 兴趣→享乐，疼痛 + 恐惧→愤怒等；还有基本情绪和认知相结合形成的，如活力 + 兴趣→愤怒，多疑 + 恐惧→内疚。

基本情绪基本上只有喜怒哀乐，但构成了几百种复杂的复合情绪。家长只需要能辨别孩子的基本情绪即可，在最基础的情绪辨别的指导下帮助孩子处理情绪是最简便直接的一条道路。例如，孩子一直害羞，不敢说话，原因可能是怕生，见到陌生人有些恐惧和不好意思。家长应该正式将孩子介绍给来客，以此帮助孩子消除恐惧，表现真实的自己。

《暗夜与黎明》中的女主蕾格娜一直爱慕着平民埃德加，但几经波折后，在第二次选择恋人时，她还是选择了贵族威格姆。这时女主就处于复合情绪之中，一方面是对埃德加的爱慕、对未来的担忧；另一方面是对威格姆的憎恨、对孩子的不舍。几种情绪在蕾格娜的心中激荡，最终对孩子的不舍和爱，使她选择了自己憎恨的贵族威格姆。从这个故事中我们知道，复合情绪对个体的影响是极其复杂的，有时候复合情绪会导致个体难以做出抉择，甚至产生昏厥以逃避激烈的复合情绪。

2. 辨别情绪

心理学研究认为，情绪根据其强度和稳定性可以分为三类：第一类，平静而持久的心境。心境的特点是具有弥散性，个体会以同样的态度对待所有事物。心境的持续可能是几个小时，可能是几天，因人而异。第二类，激情。激情来得快去得也快，强度最大，对生活的影响也最大，但控制不好可能带来负面影响。第三类，应激。应激是指面对完全陌生的新异刺激时，个体会进入高度紧张状态，这种状态在日常生活中并不常见，但在孩子身上就很容易见到，原因是孩子的见识经验少，很容易面对新异刺激。

要说明的是，应激和激情都有利有弊，利用好了可以帮助孩子快速成长，使用不当则会导致孩子心理状态受影响，甚至患上身心疾病，家长一定要慎重。

例如，和孩子开玩笑似的吓唬，会导致孩子进入应激状态，次数太多会导致孩子应激耗竭，产生心理疾病，激情更是如此。家长不要一天到晚给孩子灌“鸡汤”，应该时刻注意孩子的身心状态，要记住，助力不是填鸭式的教育。只有这样，孩子才可能健康、快乐地成长。

第2节　成长烦恼：负面情绪的化解

孩子在心境成长的过程中会遇到各式各样的问题，和他人相处不愉快，和他人发生矛盾、争执，和家长吵架、闹矛盾，内心迷茫，对自己的期望过高或过低，等等。个体还会从寓言漫画、视频动画中获得一些观点和思考，但理想和现实生活总是不一样的，个体可能会产生失望、怀疑等负面情绪。

举个例子来说，有很多学生因学业压力过大而报复性熬夜，尤其是高中生，周一至周六都需要在学校的管理下早睡早起、努力学习，周末就会有很多学生结伴去网吧玩乐，整夜不睡。这是他们应对紧张、压力、烦躁的方式，也是排解发泄烦闷、不满的方式。

负面情绪的产生，在孩子身上更严重，并且会产生更多极端的结果。例如，孩子在小时候因为家人总是忽略自己的诉求，却对其他兄弟姐妹的诉求有求必应，这样的不公平和由此而来的委屈可能让孩子产生了自我伤害的念头，比如，用头撞墙，或把自己关在密闭的衣柜里。

孩子对世界的认知比较局限，不会用其他方式排解负面情绪，因此其负面情绪的宣泄多通过哭喊以及伤害自身来完成。排解孩子的负面情绪，既需要家长的大力配合，也需要孩子自己的努力修炼。

如何处理负面情绪

生活中最常见的就是困难和挫折，正如《这个杀手不太冷》中小女孩问里昂：“人生总是这么痛苦吗？还是只有小时候是这样？”里昂回答：“人生总是如此。”

孩子在面对常见的困难和挫折时，要求其不产生负面情绪是不可能的。孩子不是无欲无求的圣人，而是一个对世间有着无数欲望和渴求的凡人。在实现自己的需要和欲望的道路上，总会出现各种困难和挫折，进而衍生出各种负面情绪。处理好负面情绪，是家长能帮助孩子度过困难、实现成长的必经之路。

家长首先要能辨别孩子的负面情绪，能辨别情绪的种类，是因为没有取得好成绩而产生的失望和愤怒，还是因为父母忘记承诺而产生的失落不满，抑或是因为和朋友吵架而产生的痛苦和绝望，等等。辨别清楚孩子负面情绪的种类和来源是首要的事情，如果将愤怒认作了委屈，悲伤认作了绝望，迷茫误解为怀疑，对应的帮助手段和排解手法自然不一样，一旦使用有误，易产生适得其反的效果。在第 1 节我们已经就如何辨别情绪种类做了很详细的说明，本节只是将其串联起来。

家长接着要做的事，是和孩子就负面情绪的产生、原因、孩子的看法等做交流，深入了解孩子的看法。这就需要我们回顾在第三章中学到的沟通交流的技巧，甚至需要在劝说、助推等内容上做一定的回顾，从而掌握整个排解负面情绪的沟通技巧。

在和孩子进行充分的沟通交流，了解了孩子负面情绪产生的原因，以及整件事情的来龙去脉后，家长可以根据自己的经验，对事件和孩子的情绪做一个最基础的判断：对还是错？有理还是无理？在回答完这两个问题后，家长可以采用截然不同的两种处理方式：若孩子的情绪反应是对的，家长需要及时安抚，帮助孩子开解心境、开阔心胸。这就是我们第二章所写的心理防御机制的内容了，家长可以通过助推的手段，帮助孩子尽快建立自我防护机制，比如，轻微的自骗、逃避和攻击机制。但一定要注意的一点是，不要将心理防御机制作为最常用的情绪排解手段，这样会帮助孩子养成不好的习惯。如果是后者，问题出自孩子的情绪和主观认知上，家长就需要就事论事，和孩子就问题进行认真讨论，矫正孩子的一些不合理的想法和诉求。

我们举个例子，如果孩子和朋友吵架后闷闷不乐，家长应该首先观察孩子产生了怎样的情绪，如果孩子是愤怒中夹杂着不理解，那么问题可能就出在孩子身上；如果孩子只是单纯的伤心和怀疑，那么问题可能并不出在孩子身上。接着家长要和孩子进行沟通，了解事情的来龙去脉，了解孩子负面情绪产生的原因，但一定要注意的是，要辨别清楚孩子描述的真假，偏听则暗，家长要注意排除主观偏见和对孩子的偏爱，关键在于解决问题而不是表示偏爱。

如果问题又是孩子和朋友因某事产生争执，那最好的办法是劝孩子就事论事，继续交流而不是赌气不搭理朋友。如果问题是孩子太冲动和朋友起了矛盾，问题在孩子，家长就应该帮助孩子缓解羞愧和死要面子的情绪，力劝孩子主动道歉，只有这样孩子才能学会主动担当，承担责任和压力，才能经得起未来更大的打击。人生并不会一帆风顺，总会有各种问题和困难不期而至，逆商也是孩子需要锻炼和发展的一种能力。如果弄清楚事情原委后，发现吵架的责任落到了孩子朋友的身上，家长要视责任情况而定，若只是一些小事小摩擦，家长应该劝孩子敞开心胸原谅朋友，这样孩子的负面情绪也会消解不少。

问题解决了但负面情绪还在的情况下，家长的作用就显得尤为重要。家长一定要以身作则，在生活中遇到问题时，首先是解决问题，随后再处理自己的负面情绪。只有这样，孩子才能从家长身上习得处理负面情绪的正确方式。家长对负面情绪的处理方式很大程度上会导致孩子形成处理的惯性，例如，习惯通过酗酒来排解精神苦闷和生活压力的家长，他的孩子未来首选的排解压力的方式很有可能也是喝酒成瘾。当孩子第一次通过喝醉来排解自己的烦闷情绪，并使情绪得到缓解之后，孩子会很快习惯用这种方式来缓解、宣泄负面情绪。

送给家长的教养策略

家长在帮助孩子排解负面情绪，成为一个阳光向上的好孩子的过程中能起到怎样的助力呢？

1. 辨别情绪

家长要先辨别孩子的情绪的种类和性质，以及紧张程度等，要做到不要让孩子的情绪扩散、极端化。接着家长可以利用本文教授的各种心理学沟通技巧和助推手段，了解整个事件的来龙去脉，注意排除孩子偏向自己的描述和家长偏爱的情绪，更客观地了解事件的本质。

一些突发情况下，对情绪的辨别显得极为重要。有位做心理咨询的老师讲过这样一个例子：有一年，某校一位学生临近考试压力大，一时间有轻生的想法，傍晚时，他出现在 14 楼楼顶。这位老师当时接到通知的时候已经很晚了，眼看夜色将至，怕漆黑的夜色加重学生的负面情绪，这位老师立刻赶到现场和学生聊起来。谈话过程中老师很快辨别出学生最大的负面情绪是恐惧，原因是他小时候和哥哥打架时被打败，就此他对任何考验都失去了信心。辨别出情绪的性质之后，老师不断安慰他并给出了解决的办法。之后学生就走下楼顶，放下了轻生的念头。对情绪的辨别是极其重要的，你不能在一个人正在气头上的时候去调侃他，这样只会让事态更加恶劣。孩子的教育也是如此，如果你一直呵斥批评处于恐惧中的孩子，只会让他更加自责、恐惧。

2. 平衡心态

家长根据经验判断出问题性质和责任归咎后，应该采用不同的方式处理该事件，给孩子一个结论——问题出在哪儿，是谁的问题，等等。事件本身的判断结束后，家长才应该开始帮助孩子处理自己的负面情绪。处理负面情绪的一般方式是帮助其建立适宜的心理防御机制、转移孩子的注意力等。

举个例子，有些家长在家长会上得知自己的孩子表现不好后，回家就对孩子进行打骂，宣泄完情绪就行了，从没考虑过孩子成长的问题，等孩子年纪大了，家长又开始后悔或者埋怨孩子不孝顺、不懂事，却完全不归咎于自己未尽到家长教育的义务。另外一些家长的处理方式是和孩子沟通，以解决问题为导向。情绪并不能左右家长的行为，在这种心态的影响下，孩子才能学会用正确的方式处理情绪。心态平稳下做出的选择对孩子未来成长的意义，与单纯宣泄情绪对孩子造成的影响，高下立判。因此，家长和孩子沟通时一定要注意情绪稳定、心态平稳，给孩子树立一个成熟稳重的典范。

第 3 节　走出孤独：社交的原始动力

本节会讲述孩子在成长过程中，特别容易遭遇的一种病症——孤独症。孩子面临完全不熟悉的世界，当他对现实的期望、生活的期待遇见了挫折和打击，却没有人可以倾诉时，孩子会逐渐自闭、抑郁，最后发展成孤独症。

孤独症，又称自闭症、阿斯伯格综合征、奥蒂斯症，大多是先天形成，常见于儿童。[1]

为什么很少见成年人自闭？很简单，大多数孤独症患者，没有迎来自己的成年。有研究发现，孤独，不仅是一种感觉，更是一种行为表现。

重复机械行为（如走路步数计算、跳格子标准化、装饰只选对称的）、系统化（关注食物的运行机制而不是功能）等，孤独症患者总沉浸在自得其乐的世界中，而与外界沟通不畅，这促使他们远离尘世。也许正是因为这种快乐没办法分享给更多的人，他们才会感到孤独。

1　曹漱芹，曹颜颜 . 孤独症：大脑极端男性化的表现形态？ [J]. 心理科学进展，2015，23（10）：1775–1788.

孤独是什么

“从童年起，我便独自一人，照顾着历代星辰。”每个孤独症患者，都是星星的孩子。叔本华在《人生的智慧》[1]中有这样的表述：人生其实就是在无聊和痛苦之间权衡，并努力靠近幸福的过程。孤独是什么？本质上来说，孤独就是有话、有想法，却不知道对谁倾诉。人是社交性动物，但不是每个人都天生擅长社交。

现代人习惯了向互联网寻求排解孤独的方法，习惯了将自己的时间用信息占满，没有时间思考孤独，更没有空去体会孤独。然而孤独又极其常见，一个人在出租屋里吃泡面看直播的某个瞬间，观看某些网络热播的电视剧的某个情节时，和同事、亲人、朋友争吵过后，等等，孤独总会不期而至、如影随形，常见到很多人都熟视无睹。

工作的人、忙碌的人、有所求的人，很难孤独，也很少孤独，因为时间被占满了，有孤独，也来不及细究。孤独垂青那些时间弹性大，多是清闲的个体。比如，正在看手机屏幕的你，正在打游戏的你，它属于正无所事事刷手机的大多数人。孤独是怔怔地面对着手机，是有话不想说、不知道和谁说，是看着别人分享生活的快乐自己却只能保持沉默。

孤独从不曾离开底层人民，尤其是孩子。他们没有忙碌的生活，也没有足够的社会资源，他们中的大多数人从前可以在河边、野地还有种种户外场所留下活动的足迹，而今却大多躲在手机屏幕下，尽力模仿着他人充实的生活。加之现在很多孩子是独生子

1 [德]叔本华．人生的智慧[M]．上海：上海人民出版社，2008.

女，父母又忙于工作，缺少陪伴，所以孩子易陷入孤独情绪中。

孤独是很多负面情绪的来源，自卑、羞耻、愤怒、难过、悲伤、失落，所有情绪又会在个体的催动、臆想中升华，最终成为绝望，而绝望的下一步，就是自残，甚至自杀。

自杀是什么？单纯的通过自我伤害的方式终止自我生命并不能很好地涵盖所有自杀。自杀不只是即时、突然的，更有慢性、漠然的。熬夜、透支身体、尝试突破极限、寻求危险系数高的刺激等，一切人类忽视风险的行为，都是自杀。

因此，我们可以理解有些孩子喜欢吞食异物的反常行为，理解孩子默不作声哭泣背后蕴藏的自杀概率大增的原因，也理解为什么有些青少年会疯狂地放纵和叛逆。

孤独不会直接让人生病，因为每个人都有孤独的情绪。无法排解孤独也不会让人生病，很多人都感到孤独，但其中很少有人会直接生病。只有孤独无法排解在孩子身上出现时，孤独才会成为一种病。

成年人都经历过孤独，但他一路走来经历的风浪可以支撑他走出孤独。而孤独症儿童，离开父母的经验和叙述之外，没有任何经历，对他们来说，孤独，才是人生常态。

孤独与自杀形影不离，而背后是家庭关怀的缺失。家庭是什么？难道不是为了更好地生活而组建的共同体？那为什么“生活所迫”“为了工作”，可以成为忽视孩子成长的理由？孩子、工作、金钱，谁本？谁末？

孤独不止会出现在留守儿童身上，虽然留守儿童是最常见的孤独人群，但现在孤独正在渗透城市的每一个角落。很多人认为孩子有手机电脑陪伴就很幸福了，和家长的沟通互动可有可无，但实际上，教育心理学和发展心理学都不主张用任何外在事物取代家长对孩子成长的助力。

教育心理学家哈洛拿恒河猴做过这样一个实验。他将幼猴放进实验室环境，刚开始幼猴会因为没有母亲的存在而显得异常暴躁和恐慌，之后实验者将一个铁丝扎成的母猴玩偶放进实验室。幼猴可以从玩偶处获得牛奶，于是幼猴很快就习惯了母猴玩偶的存在。接着，实验者又往实验室中放入了一个用布做的母猴，幼猴的表现令人诧异。本以为没有食物可以给幼猴吃的布偶母猴会被抛弃，但幼猴会在铁丝母猴处吃饱，然后迅速回到布偶母猴身边，有时候甚至隔着老远去够铁丝母猴身上的食物也不愿意离开布偶母猴的怀抱。实验充分证明了母亲的抚摸和拥抱对于幼儿成长的重要性。

我们也经常可以从电视上看到相关报道，很多长期遭受家长忽视和陪伴的孩子，他们的性格非常暴躁，会做出各种叛逆行为，甚至是自杀行径。其实很多时候，有些孩子泡吧、蹦迪、彻夜不归等行为是在向家长发出信号：我需要和人接触，需要社交，需要陪伴。对此，家长要做的是增加对孩子的关注，但很多家长会认为，丰衣足食就是对孩子最好的照顾，甚至会雇用保姆等作为家庭教育的替代。但实际上，这种错误的观点有时候会导致孩子错认家长，将对家长关怀的需要转嫁到他人身上，从而导致教育缺位，甚至是让孩子形成畸形的教育观念。

所以，回到问题现实中来：家长要如何缓解孩子的孤独感？

送给家长的教养策略

上文讲述了儿童孤独情绪的成因和基本的表现。我们可以发现，导致儿童孤独的主因是没有人可以倾诉，换句话说，没有人可以倾诉，导致了儿童不能很好地找到自我。

1. 教会孩子处理孤独的办法

如何处理孩子的孤独感，首先需要家长做出改变。一味地满足孩子的物质需求并不能帮助孩子更好地成长，关键问题在于有效沟通。第三章我们已经就如何实现亲子有效沟通做了详尽的叙述，此处不再赘言，但要强调的是，家长要了解孩子的需求，尽量满足孩子对于互动、交流、亲密行为的要求。

此外，家长要教会孩子如何应对孤独，这需要家长自身能成熟从容地应对孤独。很多时候，有些家长并没有掌握成为一个合格的家长的能力。这世上有很多课教导孩子如何去生活、如何学习知识，但没有一堂课教导家长如何成为一个合格的家长。

家长如何学会从容应对孤独呢？有很多办法，有的家长在生活、工作中逐渐忘却孤独，将孤独带来的痛苦和烦恼抛之脑后；有的家长则用其他方式取代孤独、消遣孤独，如唱歌、打球、运动、交友、聚餐等；还有的家长学会直面孤独，享受孤独，利用孤独去提升自己。更普遍或者常见的应对孤独的方式是阅读，通过阅读他人的生活经历，去享受孤独，去理解孤独，甚至是利用孤独。这一点需要家长努力修炼。

孤独并不可怕，害怕孤独也并不可耻，正视自己的需求，去承认，去了解，去拆解孤独，才是应对孤独最好的方式。这是家长应该学会的，更是家长应该帮助孩子形成的一种应对生活的能力。

2. 引导孩子面对孤独

除了家长的助力，孩子自身也要学会处理孤独，首先是开阔心境，少执着，少固执，不要在具体细节上过多纠结。例如，若家长忘记了对自己的承诺，孩子很多时候不必太拘泥或者耿耿于怀于家长的疏忽，而应主动向家长重新提及自己的诉求。

孩子还要学会排解孤独。排解孤独的方式有很多种，例如，和朋友出去玩，和朋友一起吃东西、聊天，看更多的书、电影等，通过充实自己的生活来填补孤独。

这其中一个很重要的元素是朋友，青少年要选择那些对自己有所裨益的人做朋友，《论语》有言，“益者三友，……友直，友谅，友多闻”，可以带你欣赏艺术作品，一起运动，一起去探索大自然……帮助你充实内心的朋友，才能帮助你缓解和应对孤独。

最后，孩子应该形成这样的观点：孤独并不可耻，高质量的孤独有利于人清醒地看待生活。承认自己孤独并不代表自己是个弱者，相反，有时候孤独者是生活的强者。

如果孩子能很好地处理孤独，那在他未来独自进行社会化的过程中，家长就不需要担心他是否会越轨或者是走偏了。一个人如果能从容应对孤独，那么没有什么困难能阻碍他前进的脚步。

第 4 节 自卑与超越：自我成长的关键

心理学有很多科普读物，例如《少有人走的路：人智成熟的旅程》[1]，讲的是一名心理咨询师十几年从业经历的；《乌合之众：大众心理研究》[2]，写群体在有心人的煽动鼓捣下如何碰撞交互，情绪逐渐极端化；《你当像鸟飞往你的山》[3]，写一个心理学家如何摆脱恶劣原生家庭环境的影响，逐渐成长为自己想要的模样……

弗洛伊德在《梦的解析：揭开人类心灵的奥秘》[4]中把人的行为表现归因为性冲动，任何梦境的要素都可能和性冲动相关，于是梦境中的一切都可以用性来解释，蛇是性，房子是性，管道是性，骑马是性，等等。但是，泛性论招致了很多批评，你不能说一个小女孩梦见蛇就是希望探索性，正相反，有时候梦见蛇可能意味着恐惧。新精神分析学派的代表人物阿德勒对弗洛伊德的理论做了改造，他认为，做梦和做异常行为都来自潜意识的冲动，但他将这种冲动归咎于自卑。人总会面对两种状态：自卑与超越。

自卑是现代人极其常见的一种状态。信息化社会一个鲜明的特征是信息传递更便捷，人们被多到不知道如何选择的信息环绕，

---

1 [美] 斯科特 · 派克 . 少有人走的路：人智成熟的旅程 [M]. 长春：吉林文史出版社，2007.
2 [法] 古斯塔夫 · 勒庞 . 乌合之众：大众心理研究 [M]. 北京：中央编译出版社，2011.
3 [美] 塔拉 · 韦斯特弗 . 你当像鸟飞往你的山 [M]. 海口：南海出版公司，2019.
4 [奥] 弗洛伊德 . 梦的解析 : 揭开人类心灵的奥秘 [M]. 北京：国际文化出版公司，1998.

那人们会选择怎样的信息进行加工呢?

“最大”“最好”“最快”“最高”“最优”“历史罕见”“史上最强”“近五十年来首次”等，这样的“最”信息，颇受大众的青睐，再加上各种花边绯闻娱乐八卦，共同构成了我们生活中所接触信息的大多数。

这些信息的比较特征，会使个体不自觉地使用“比较法”来衡量自己的生活，于是就营造出了这样的一种生活状态：孩子总会觉得自己好像不够高、不够好看、不够有钱、成绩不够好等。每个人都在这样比较，这就形成了自卑感，每个人都存在自卑。

有些家长一定听过这样的新闻，有孩子花上百万整容只为变得更漂亮；有姑娘连续一个月催吐只为瘦几公斤；有男孩为了买高档手机，卖了自己的一个肾……这样的新闻几乎每年都会爆出很多条，为什么孩子们那么喜欢攀比、爱慕虚荣?

这背后不是攀比、爱慕虚荣，甚至不是焦虑，而是自卑。

从自卑到自卑情结

阿德勒做了很长时间的心理咨询，他发现，几乎每个人的心理问题都源自童年早期经历、家庭教育的缺失以及由此最终导致的个体自卑情结的形成。阿德勒是这么形容生活或社会化不良的个体的：他们都是被惯坏的孩子，受不了生活中一丝一毫的困难，对生活的期望如果落空就会产生抱怨、失落的情绪，并不能很好地适应生活。

自卑情结的根源在于，当孩子的童年需求不能得到很好的回应，家长忽视或者压抑了孩子的需求时，孩子因此形成自己没有人可以依靠，内心很空虚的心理状态。在成长过程中，家庭教育的缺失和失落情绪的滋长最终在孩子幼小的心灵中结成了自卑的情结——我微乎其微，我毫无价值，没有人关心我，爱护我。

自卑情结形成之后，会迅速与现代社会中个体习惯性的比较和焦虑结合，导致个体产生一些极端的想法：我不够好看，那就去整容，网上有一大堆因整容成功而逆袭的案例；我不够高，那就买增高药，甚至做断骨手术，只为了让自己看起来高些；我不够瘦，那就节食、催吐、抽脂，只要能减肥，干什么都行。个体因为自卑而做些匪夷所思之事的例子，比比皆是。

自卑情结千百年来始终存在，更在现代人身上产生了更为显著的表现，为什么呢?

原因就出在比较上，早些年互联网没有这么发达时，个体会自卑，但不会自卑到做出这么多傻事，因为没有参照对象。而如今的孩子，能接触到的社会信息太多了，有太多“优秀人物”的事迹吸引着他们，他们总幻想自己也能成为那样的人，时间久了，对自己现有条件的自卑和不满很容易就会形成。这种不满会不断鼓动他们做一些傻事，直到某天他们发现自己已经无法摆脱比较带来的焦虑了。

我做过很长一段时间的心理咨询，前来咨询的大多都是女性，而且多是些心思细腻的女孩子。由此可见，有些问题的出现，和个体的心思敏感程度是相关的。让我很诧异的一点在于，绝大多数来访者遇到的问题都并不严重，但是她们在心理层面上给予了自身很多的困扰，而伴随着问题了解的深入，我发现大多数问题都指向一点——自卑。每个人内心世界都极其自卑，即使她很完美，外表看起来从容轻松，但实际上每一个来做咨询的个体的家庭关系都会有些问题，有的是单亲家庭，有的是母亲控制欲太强，有的是和母亲对抗激烈，有的是父爱缺失，还有的是家庭沟通不畅。我发现，基本上都是家庭关系的矛盾导致了来访者的自卑情结。

来访者们在日常生活中也表现得非常乐观和随和，只有在梦境中才会暴露自己的真实情绪。来访者已经习惯压抑自己的真实需求和想法，最终导致真实想法被忽视，实际上他们的内心已觉察到了自己的痛苦，所以才会最终在梦境中将其显现出来。

自卑是一种非常常见的状态，按阿德勒的话说，正是因为人存在对现实的不满和自卑，才有了超越现实、打破现实、消除自卑的动力，这也就是超越。

但现代人的问题在于，我们将自卑隐藏得很深，不愿意承认自卑，直到自卑情结导致了严重问题的出现，才开始寻找解决的办法。但实际上，当个体从压抑自卑的过程中觉察到痛苦再去解决问题时，问题已经很难解决了。这也是为什么我们要在本书中探讨如何处理孩子的自卑情结。

自卑源于童年家庭教育的缺失以及童年早期的不好经历，随后在快速生活节奏的压迫下，孩子的真实需求始终难以被满足，这使孩子一直处于比较的情境中，最终让自卑情结深深驻扎在孩子内心，影响其今后的正常发展。

举个例子，如果一个女生的家庭出身不错，长相不错，但是小时候父母在外工作，和她在一起的时间并不长久，她还有一个弟弟，此外，她和妈妈的沟通总是让她烦恼。

这个女生的发展路径会是怎样的呢？她大概率会成长为一个足够坚强，看起来很随和温柔的人，并且会打扮，最后成为人们眼中那个“别人家”的孩子。但更深层呢？这个女生遇到了很多心理障碍：她觉得自己不够瘦，有时候不吃晚饭，有时候吃了催吐，还有时候甚至想去做吸脂手术；她总是闷闷不乐，因为没有人和她有特别深入亲密的交流，她觉得这个世界上没有人喜欢她，她甚至厌恶男性，因为从小弟弟就受到了更多的宠爱，而她不能表达自己的嫉妒，这样大人会更不喜欢她。

这样的例子还有很多，尤其是当她踏入大学校园，遇到了很多同性，当她开始不自觉地与他人进行比较时，就会产生容貌焦虑、体重焦虑……这样的比较让她越来越自卑，以致每天都睡不好。

我们回到讨论的最初，她的心理问题源于她和家庭沟通不畅，也因为在快速成长和发展的过程中她不能停下来仔细思考自己的问题、自己真实的渴望，她只是不停地逃避，忽略问题，延后问题。直到有一天她以为问题不见了，但实际上，这是因为她的真实需求被忽略和过度压抑，以致进入了潜意识之中并且改换了模样。她的焦虑源于自卑，她闷闷不乐是因为没有获得足够的家庭支持，她厌恶男性是因为不满于弟弟受宠又不敢说出来。于是她的所有的情绪、所有的需求都以改头换面的样子重新出现，进而影响她的生活。

那么，孩子该如何缓解自卑呢？

自卑情结是一种非常常见的情结，并不局限于孩子，成年人身上也很常见。所以缓解自卑或者处理好自卑情结是家长和孩子都需要学习的一门课程。

送给家长的教养策略

1. 教导孩子学会生活

首先是要慢下来，所谓慢下来，是指在做决定时，先考虑自己的真实需求，在弄清楚自己的真实想法后再行动，这样可以很好地处理非常多的情绪问题。

例如，班级里最近竞选班长，一个孩子非常想竞选，但害怕失败的打击，犹犹豫豫，最后放弃了竞选，这样就是回避、压抑、隐瞒了自己的真实需求。竞选失败并不可怕，可怕的是害怕失败并由此形成美化自己的想法，宣称自己淡泊名利，不在乎当不当班长，这就是找借口来掩饰自己内心的失败。成年人也是如此，明明工作上不顺心如意，工作待遇和工作环境并不好，还天天加班，却非要安慰自己说是自己性格太敏感了，想太多了，把事情想得太坏了，这就是不能正视自己的真实观点和看法，压抑自己的真实需求，这就是我们痛苦的来源。

很多现代人陷入了内耗的困境，有些人不堪其扰，选择了躺平，躺平本身就是一种慢下来看待生活的方式。越来越多人爱上了旅行，放下生活、工作压力，去到一个陌生、美丽的地方放松身心，不再像平时一样奔波劳碌，行色匆忙。孩子很容易受成年人的影响，所以他们慢慢变得急躁，和各种人比较、竞争，次数多了就会越来越自卑。所以，让孩子学会慢下来，享受生活，是应对自卑最好的方法，这不是说让孩子一直跟着家长去旅行，但也要让孩子多见识不一样的人生，这样，他才能理解自己生活的意义，才能摆脱无穷无尽的比较和内耗。

2. 承认自己的缺点和需求

承认自己的真实想法有那么难吗？对有些人来说是的，尤其是一些已经习惯事事都要迁就礼貌、包容他人的“老好人”，让他们说出自己的真实想法，“得罪”他人，承认自己的不完美和缺陷，是一件非常困难的事。但这世上没有谁是完美的，承认自己的不完美，承认自己的真实需求，是缓解焦虑、从自卑中解脱出来的不二法门。你就是想吃个冰激凌，你就是有一点点胖，你就是没有门门考第一的聪明劲，你就是有点儿嫉妒弟弟比你更受宠，这没什么不好意思的。要勇于承认，才能勇于表达，才能把问题解决。

3. 学会向下比较

我们要学会向下比较，尤其是对自己非常严苛的完美主义者。完美主义者很容易陷入焦虑和自卑中，原因是他们每次都向上比较，或者和自己心中完美的期望做比较。现实大部分时候都是不如意的，这些不如意招致的失望会让个体充满焦虑和自卑。

但很多时候我们不必太过苛责自己。你要跑步就一定要和世界短跑名将做对比，要打篮球就要和 NBA 巨星做比较，要演讲就非要和大家名家来相比，这并不现实。没有一个人能做到面面俱到、事事突出，对自己的苛责只会引起自己更深沉的焦虑和自卑。所以有时候，慢下来，向下比较，以提升自己的幸福感，学会惜福，也是一种很不错的心理调节手段。

这一点很重要，有很多人，做事极端，不考虑后果，将优越的生活条件看作理所当然，甚至还不满足，抱怨不够好，这就是一种不惜福。人只有懂得珍惜和感恩生活给予自己的东西，才能真正理解生活，才能将自卑视为一种向上的动力。

第5节　自我价值感：对抗消极的关键

伴随着孩子的成长，自卑会随之而来，如何让孩子摆脱焦虑，克服自卑，享受美好的生活，这既是一个向家庭教育发问、向社会教育发问的问题，也是向孩子自己发问的关键问题。

很多孩子会压抑自己的真实需求，怕“出洋相”，怕被人笑话，怕做不好，怕这怕那。

很多孩子平时很活泼，显得古灵精怪，但一让他们上台表演节目，他们就不好意思了，表现得唯唯诺诺、扭扭捏捏，甚至连说话都结结巴巴，平时表现得轻松自如，在台上却什么也表现不出来了。

这样的例子很常见，尤其是在中小学期间，孩子们私底下十分厉害，一到干正事时就彻底泄气了。原因就在于，此时孩子内心的自我价值感太低，觉得自己做不好这些事，于是容易怯场。

每个人都有自己的位置

“萤火之光，也敢与皓月争辉？”这句话用来形容人的自不量力，但很多时候，每个人都只能做到星星点点地发光，这已经很好了，无数闪闪的萤火虫，也能构成绝美的奇景。

袁枚有首诗：“白日不到处，青春恰自来。苔花如米小，也学牡丹开。”写苔花虽然毫不起眼、极其平凡，但自有自己的一番美丽，不需要因为牡丹富丽堂皇便羞惭得连花都不敢开了。如果我们不能像苔花那样勇于展现自我，那爱因斯坦之后的物理学家就没必要再做研究了，都是站在爱因斯坦的肩膀上做些基本研究；亚里士多德之后大家就不用做哲学了，反正走不出他的框架。但这个世界是一个包容的世界，无论你是怎样的，都能找到一处安身立命之所。

这也告诫年轻人，尤其是那些将要走上工作岗位的年轻人，还有那些即将面对高考、中考的青少年，你们并不需要因为自己目前的处境做过度的担忧，每个人都会有自己擅长的领域，也总会找到自己的位置，只是在这之前，你需要保持好奇心、耐心和坚强的意志。只有这样，你才有足够的敏锐触感，去发现自己想要发展的方向，想要到达的位置。

如果把人生比作一次从出生走向死亡的远行，那这一路上会有很多不同的风景，有很多高山低谷、坎坷跌宕。每个人都会看见不同的风景，每个人能力的成长、机遇的变化，也都是不同的。每个人都会走到一段快车道，这一时期你会飞速成长，但每个人的快车道所处的位置并不一样，有些人很小就迈入自己的快车道，我们称他们为天才，为神童，为青年才俊，说他们独占鳌头、占尽先机；有些人行至壮年才迈入自己的快车道，成就一番伟业，我们称为中流砥柱，业界大牛，说他们拼搏坚韧，年富力强；有些人直到晚年才迈入自己的快车道，成就一番大事业，或留下些足以传世的作品，我们称为大器晚成，老而弥坚，业界泰斗。你看，每个人都会在不同的人生时期迈入属于自己的快车道，然后顺风顺水，直到进入下一个阶段。

因此，我们并不需要为自己的未来担忧，更不必怀疑自己会不会就此碌碌无为过一生，每个人都会有自己的高光时刻，问题在于，在它来临之前，你能否从始至终地坚持自己的梦想，绽放属于自己的光芒。

送给家长的教养策略

1. 建立多元化的人生目标

既然人生各有不同，那么，那些定错了目标，对未来感到迷茫的孩子们该怎么摆脱自己无谓的焦虑呢？我始终认为，焦虑源于比较，试想，如果你天天看动画片而不愿意学习，突然有人和你说，他拿了三好学生，你能不感觉到压力和自责吗？通过比较，人们会了解到自己的不足，而了解了自己的不足以及因此产生了焦虑，人们才会有向上向前的动力，去突破自己的局限，去努力提升自我。但过多的、无意义的比较则会导致自卑和自我价值感的缺失。

自我价值感缺失最明显的表现就是对自己的定位脱离现实生活。就好像有些学习很好的孩子，考完试总会说自己考得不好，考得一般，原因正是对自己能力的不自信，当他们这么说而结果也确实如自己所料时，个体除了松一口气，减少失望感，还会获得自我实现语言的惯性，认为自己就是那么差，就是考不到自己想要的分数，是一个失败的人。

完美主义者很容易陷入自我价值感缺失中，对事物的期待总是破灭，让其开始怀疑自己的价值、自己存在的意义。但实际上，我们大可不必如此，现实生活多是得过且过的人，一直追求完美只会让人疲惫。目标的追求不是一蹴而就的，但生活不能缺少目标。

家长们在帮助孩子设定目标时就一定要注意，用多元化的、阶段性的目标来引导孩子努力成长，通过不断实现小目标来增强自信心和自我价值感。比如，每周收拾一次房间、帮家长打扫一次卫生，每学期的考试名次比上一学期前进一名，每学期参加一次校园表演活动，等等。用丰富的目标充实孩子的生活，指引孩子的成长。

2. 正视自己的需求

自我价值感的缺失和童年关怀的缺失密不可分，但更重要的是在之后的社会化过程中个体总是向上看，不能看到自己的优势，不接纳现实的自己，而只关注自己的期待。这样想的结果就是个体总认为自己是卑微的，做任何事情都首先考虑会失败，不断否定自己。自我价值感低的个体会产生非常多的心理问题，有研究自我价值感的问卷分析发现，个体处于低自我价值感时会出现愧疚、压抑、沮丧、失落、抑郁等情感。

这些情绪共同构成了个体自我价值感低的负反馈循环，个体会不停地自证：我很差，一文不值，遇见可以表现自己的舞台也不敢尝试。这使个体越来越相信自己真的很差，以后更不敢登台表现，表现少了，就更容易出现类似的想法了。

自证的循环一旦形成，孩子自己是没办法解决的，这就需要家长学习系统脱敏法等心理学方法，帮助孩子消除问题。例如，孩子不习惯在公众面前演讲，家长可以引导孩子背诵一些经典演讲内容，然后多领孩子站到高处去尝试独诵，并偶尔在家庭聚会中鼓励孩子表现，直到有一天孩子并不恐惧上台演讲。

若孩子的自我价值感过低，习惯了向上比较，家长还可以带着孩子多去和低年级小朋友一起玩，让孩子和自己水平差不多或者稍逊一些的朋友玩耍，多去感受慢生活，去多元化自己的价值观标准，少被成功学和生活的快节奏侵蚀，享受自己的成长而不是执着于结果。

3. 引导孩子放松心态

提升自我价值感这一点，家长能做的其实不多，问题在于孩子自己的观点，究竟是把所有的注意力都放在追求比较、向上攀登，还是留一部分余地给自己，去照顾自己的心情，改善自己的生活状态？我们知道，知耻而后勇，但这是相对于骄傲轻视对方的人而言的，如果一个人始终处于紧绷的状态中，他就很难在关键时刻表现得比平时更好。而缺失自我价值感的人，更是长期处于这样的紧绷状态中，让他保持正常的生活都已经很难，更何况是不断向上走。因此，教导孩子学会张弛有度，该学习的时候学习，该放松的时候放松。这才是正常的生活状态，也是摆脱自我价值感缺失的关键。

小 结

本章具体介绍了个人的情绪管理能力。第 1 节我们介绍了基本的情绪类型，帮助大家辨别自己的基本情绪。第 2 节我们介绍了该如何排解个体的负面情绪，无论对孩子还是成年人来说，这都是一门非常必要的课程。第 3 节我们深入具体地介绍了孤独——孤独的来源、消除孤独的办法、儿童的失落情绪、如何应对孤独。第 4 节我们介绍了现代人最为常见的状态——自卑，自卑根源于童年创伤，而社会化进程中的过度比较也会不断加重个体的自卑状态。而自卑时间长了，就会导致个体自我价值感的缺失，从而使个体产生很多心理问题。

如何处理好上述这些情绪，是每个人的人生必修课，本章中我们结合现有的心理学理论，对如何处理情绪问题提出了一些简单可行的看法。

情绪的问题，本质在于过度执着，过于执着和看重某件事，以至于整个人都围绕着这件事打转，患得患失。壁立千仞，无欲则刚。欲望多了，心弦就会被牵动着，也就产生了情绪，从这个角度来说，只要做到万事无可无不可，做事多随缘，就能大大减少情绪的影响。情绪虽然依旧会产生，但不会再成为影响我们生活的主因。

本章中对于诸多情绪问题处理的对策主要是转换看法，例如自卑，问题出自童年教育，你可以从朋友、家长那里获得支持，通过弥补的方式去缓解自卑，去直面自卑。

此外，就是学会调整自己的心态，如自我价值感缺失，很大程度上是因为个体总是仰望，总是向上比较。习惯了仰视的人，如果自己的行为进度或达成的目标让自己不满意，就会产生强烈的焦虑感，时间长了就会形成自我价值感缺失。解决的办法同样是学会放松自己，放慢自己的生活节奏，学着去向下看，去看到他人真实的生活状态，接着产生对自我状态的满足感。

生活的意义并不在于你最终获得了怎样的成果，而是你如何走过每一段路程。如果每一段路程你都一心朝着目标前进，最后你能分享的可能只有一个结果，你并不记得这个过程中你经历了些什么。

泰戈尔说：“当你为错过太阳而哭泣，那么你也将错过群星。”同样，当你过度执着于目标时，你就会错过经历本身和你自己的内心体验。

第五章
关于性格养成的积极教育

性格决定命运。

导 语

很早之前就有学者对个体的性格做了研究，古希腊时期的医生希波克拉底就根据自己的行医经验和体液的类型提出了体液说。[1]他认为人有四种性格：胆汁质的个体积极活跃，但粗心大意，脾气暴躁，难以掌控自己的情绪；多血质的个体，性情活跃，动作灵敏；黏液质的个体，动作不急不缓，性情沉静；抑郁质的个体，性格多愁善感，动作迟钝，心思敏感。体液说到现在都有很多支持者，由此可见，人们对性格研究的支持。

心理学家的一个共识是，性格是后天教育的产物，是可以通过教育和学习来矫正的，这也就是为什么我们会介绍性格养成。我们能做的，只是在先天基因的基础上去精进，去弥补自己的缺陷。我们终其一生，无非是在自己命运的基础上作画，我们并不能决定自己生命的底色，但细节和最终生命作品的呈现方式，是我们能决定的。

本章会详细叙述性格的具体理论、性格和气质的差异、性格和价值观以及性格和未来的职业规划。

第 1 节我们会讲述目前学界对性格的研究理论、性格的分类、性格和气质的区别，以及如何形成自己喜欢的性格。家长对孩子性格的养成具有极其重要的影响，因此，家长在与孩子的互动交流过程中，要注意对孩子进行性格养成教育。

1 叶浩生 . 心理学史 [M]. 上海：华东师范大学出版社，2009.

第 2 节我们会讲述目前学界公认的最为全面、系统、综合的性格理论——大五人格。大五人格是对个体人格的五个侧面进行评价分析的系统，目前来说，没有比大五人格更加系统权威的性格解释理论了。本节会引导大家通过大五人格的相关测试来评估自己的性格。

第 3 节我们会讨论个体价值观的形成以及如何判断自己的价值观的分类问题。价值观是三观中最重要的一环，价值观的导向直接决定了个体如何定义自己的人生价值，以及对人生的态度。本章的核心就是对价值观的介绍和价值观培养的引导。价值观决定了一个人的底层逻辑和对事物的看法。家长对孩子价值观的引导和矫正可以说决定了孩子未来的发展道路。性格决定命运，而价值观决定人生选择。

第 4 节我们会介绍性格和职业规划的相关事宜。不同性格的人所适合的职业也不同，外向、宜人性强的个体更适合去做需要与人打交道的工作，如记者、主持人、人力资源管理岗位、售货员等；性格沉着冷静，不喜欢和人聊天的人，更适合做程序员、考古人员、工匠等需要耐心的工作。

总的来说，本章会仔细讲述性格、价值观以及与之相关的个体的未来职业规划选择。要说明的一点是，性格和气质有本质的区别：气质是先天的，较为稳定的，很难改变，但性格是后天教育习得的，可以通过经历和经验的成长实现矫正而变化。所以，根据性格选择职业并不是板上钉钉的事，而是相对优势，如果个体非常热爱某个领域，热情和兴趣足以抵消所有性格不适带来的问题。

第 1 节　孩子的性格：各有所长，并无好坏

我们要谈一个人是个什么样的人时，一般会从人格层面来描述她/他。

人格是一个极其广泛的概念，它包含气质、性格、认知风格和自我调控等方面。其中，气质是很难改变的，认知风格一时半会儿也难以改变，自我调控是自主能力，只有性格是在交互作用过程中发展起来的。性格的缺点和优点，都是根据场景的是否合适进行判断的，世俗道德标准也会辅助我们判断自己性格的好坏。例如，一些战争发动者，他们残忍、暴力，还一味鼓吹民族优越论，这种煽动是有害的；而有些性格是无伤大雅的，例如，有些人只是单纯地比较懒散，对社会无害，便不会受到社会的强烈谴责和敌视。但更多时候，家长还是希望孩子养成良好的行为习惯和性格，如自律、友善、心态平和等。

在生活中，大家一定见过性格迥异的个体，例如，有的人随便他人怎么损自己，他并不会在意，而有的人则会因为一两句话而大呼小叫，翻脸争吵；有的人努力工作，兢兢业业，勤勤恳恳，有的人却事事懒散，敷衍了事。世界之大，个体性格之差异，令人慨叹。很有意思的是，有人通过双生子研究发现，即使是同卵双生子（也就是我们所谓的双胞胎）也会出现极其不同的性格。

究竟是什么在影响我们的性格？我们的性格又是如何影响我

们的人生轨迹的？本节会对性格的具体概念和类型做简要介绍。

杰克·霍吉在《习惯的力量》一书中说道：“性格决定命运。”对这句话的理解是，很多时候，我们的性格会促使我们做很多事，这些事最终决定了我们命运的走向。

我们的命运轨迹是惯性的、直线式的，例如，项羽少时勇猛，但不耐久功，学东西总是很快就不耐烦了，对人对事都是如此，刚愎自用，对自己过度高估，结果在楚汉相争的过程中，占尽先机和优势的楚霸王只能落得一个垓下之战中四面楚歌的境地。对此，他仍大呼“此天之亡我，非战之罪也”。项羽的失败正是性格决定命运的最好写照。项羽由叔父项梁带大，项梁对自己子侄辈的教育更多的是武力、志向层面的，对其性格的培养和做事细节的把握几乎没有什么指导。项羽少时读书，没取得什么成果就放弃了，转而去学剑，结果没多久又放弃了。项梁生气地质问他，项羽说读书会认识自己的名字，练剑能打败一两个人就够了，自己要学的是能打败成千上万人的办法。项梁就教项羽兵法，结果项羽还是大略知道其意思后就不再学了。

从上述描述中我们就可以看出，项羽是个做事三分钟热度的人，耐不住性子，隐藏不了自己的情绪，因此在正式组织战争甚至是军团化、集体化战争时，项羽刚愎自用，什么都略懂，但什么都不能掌握。他不自知的性格的弱点就暴露出来了，再加上项羽顺风仗打得漂亮，但逆风或者输了，却不会反省，还动辄和手下的将领谋臣发生冲突，以致最后众叛亲离，落得失败的下场也不足为奇。刘邦成功称帝后，这样评价自己和项羽的争斗：“夫运筹帷幄之中，决胜千里之外，吾不如子房（张良，字子房）；

镇国家，抚百姓，给饷馈（供给军饷），不绝粮道，吾不如萧何；连百万之众，战必胜，攻必取，吾不如韩信。三者皆人杰，吾能用之，此吾所以取天下者也。”项羽连亚父范增都不能善用，怎么能打得过刘邦呢？

人格理论

性格作为人格的核心部分，对个体整个人格的发展有着极为重要的影响，人格经常作为整个概念来被研究，性格则作为其中一个重要的侧面。人格是研究个体心理差异极其重要的领域，有极其复杂的心理结构，因此关于人格的理论，目前众说纷纭，下列是一些较为权威和认可度较高的人格理论。

首先是人格特质理论，该理论认为人格是稳定的，特质是决定个体行为的基本特性，是人格的有效组成元素，也是测评人格常用的基本单位。这里所说的特质就有点儿像我们一般意义上所讲的性格了。

特质理论最早由奥尔波特于 1937 年提出[1]，他将人类的人格特征分为两种：共同特质和个人特质。共同特质是指处在同一文化现象中的个体会有类似的性格表现特征，就像我们对不同国家的人形成的刻板印象：法国人浪漫，非洲人懒散，英国人高傲，中国人勤奋，日本人谨慎，等等。个人特质是指个体身上所具备的独特特质，例如，虽然大家都觉得中国人普遍比较勤奋，但其中还是会有喜欢睡懒觉，做事敷衍、拖拖拉拉的个体存在。群体

1　彭聃龄 . 普通心理学 [M]. 北京：北京师范大学出版社，2016.

中总会有一些性格迥异于国民性素质的个体。

个人特质中又分为首要特质、中心特质和次要特质。例如，提起岳飞，大家总是第一时间想到忠心；提起秦桧，大家的第一反应是奸诈狡猾。这就是一个人身上最鲜明、特征最明显的首要性格特质。中心特质是构成个体独特性的几个重要特质，是个体人格特征中最为稳定的部分，例如，林黛玉的清高、聪明、孤僻、抑郁、敏感等，都属于中心特质。次要特质是指个体一些不太重要的特质，这些特质只有在特殊情况下才会出现，例如，有人平时看起来很情绪化、多愁善感，在遭遇变故时却表现得极其冷静，这就是人的次要特质的表现。

奥尔波特认为，人的中心特质的数量是有限的，每个人身上大概会存在 5 ~ 10 个中心特质。卡特尔在奥尔波特的特质理论基础上，利用因素分析法对人格特质进行了分析，提出了人格特质的四层理论模型，分别是个别特质和共同特质，表面特质和根源特质，体质特质和环境特质，动力特质、能力特质和气质特质。

其中个别特质和共同特质，是从宏观层面去考量一个人的性格究竟是独属于自己还是整个民族都共有的性格特征。表面特质是指可以通过外部行为直接观察到的特质，例如，通过一个人的表现就能看出他是否是一个急躁的人；根源特质则是指个体行为背后的深层原因，例如，孩子表现急躁不堪，可能是因为恐惧失败的后果，也有可能是有其他更重要的事情要去做。体质特质是由先天的生物因素决定的，例如，有人先天体质偏阴虚，有的则更加强壮，新陈代谢也快；环境特质则由后天环境决定。动力特质是指个体的生理驱力，促使个体朝着某个方向发展，例如，有人是成功导向性的，他希望获得更多人的关注就会更多地表现自己；能力特质则是个体知觉和运动方面的差异，例如，有的人记忆很好，有的人反应很快；气质特质则是先天的、稳定的。

近些年来，又有学者在此基础上提出了更加完善的人格理论建构，这其中比较有代表性的是艾森克的三因素模型、塔佩斯的五因素模型以及特里根的七因素模型。其中，艾森克将人格的三因素表述为外倾性、神经质和精神质；塔佩斯将人格表述为开放性、责任心、外倾性、宜人性和神经质，这就是后文我们会详细介绍的大五人格模型；特里根认为人格的七因素分别是正情绪性、负效价、正效价、负情绪性、可靠性、宜人性和因袭性。

送给家长的教养策略

在介绍了上述关于人格特质的理论之后，我们接着来探讨，家长能为孩子做些什么。

1. 鼓励孩子表达

首先，所有的人格特质都绕不开一个关键词：外向性。这个特质是人格特质中最为重要的一环，因此，如果家长想要自己的孩子成为一个社会适应能力强的成熟个体，就必须锻炼其外向能力，这里既包括如何与他人和平共处，也包括如何和陌生人打交道。很多家长已习惯告诫自己的孩子不能和陌生人说话，但这个陌生人的界限却并不清晰。实际上，和家长认识的大人，孩子是可以与之沟通的，当然，必备的防范意识也不能缺失。如果孩子只是一味地谨记不和陌生人打交道的规矩，不与其他成年人沟通，使其外向能力的发展近乎为零，那么当有陌生人用一些技巧和话术与孩子搭上话之后，孩子更容易被骗得团团转。

因此，家长需要帮助孩子发展和锻炼自己的外向能力，例如，引导孩子和自己的朋友交流，在儿童游乐园和陌生小朋友交流，在学校和其他年级的同学交流，等等，这些都有助于孩子外向性的培养。

如果家长不能很好地锻炼孩子的外向能力，孩子则更容易内向自闭，这对其未来发展有十分大的危害。

2. 锻炼孩子的责任心

锻炼孩子的责任心也很重要，这一点我的观点和阿德勒相同。现代人很容易被庞大的信息、自由的社会环境惯坏，有一点不满都不能忍受，一定要发泄，这样并不利于孩子坚强成熟性格的形成。其中很明显的一点表现就是，有些人很习惯推卸责任。这一点非常不好，出了问题就先想办法推卸自己的责任，有什么好处先想着自己，从来不考虑集体的利益，长此以往，既不利于集体的团结和发展，也不利于个体的未来成长发展。没有人会喜欢一个只想着自己的利益，而完全不想承担责任的人。所以，家长有时候要进行一些必要的挫折教育和责任教育，只有这样，孩子才可能成长为一个合格的、社会适应能力强的成年人。

3. 谨慎改变，根据孩子的要求锻炼其性格

性格并无优劣，但社会对不同性格的人才的需求有所不同，互联网时代需要表达能力强、逻辑清楚、做事沉稳的人，因此，若孩子是安静内敛、害羞沉默的个性，那他可能较难适应社会的要求，此时家长应该多和孩子沟通，引导孩子慢慢改变过于内向的性格。性格的缺陷是可以弥补的，如古希腊雄辩家德摩斯梯尼，他从小口吃和害羞，但通过在舌头底下垫小石子，他慢慢改变了口吃的习惯，最后成长为一代雄辩大家。

性格可以通过后天锻炼而改变，但有必要改变吗？家长需要根据和孩子的沟通、尝试改变的反馈等多方面的信息，考虑最终是让孩子的性格保持原本的状态还是往更适合社会化的方向进行引导。

第2节　大五人格：儿童青少年的核心优势和局限

如前文所述，目前性格领域的研究者在人格的描述上达成了较为一致的共识，在五因素模型理论的基础上提出了人格的大五模式。曾有人将人格的大五模式称为人格心理学的一场革命。研究者循着塔佩斯和卡特尔的因素分析法，通过对人格描述的词汇进行汇总和分类，将人格描述分类为五种特质，这五项特质的简称为“O、C、E、A、N”，因此大五人格又被称为“人格的海洋”。

大五人格

大五人格理论承接了奥尔波特的开创性工作，因袭了卡特尔的16种根源特质的思路，最终指向五种基本性格。这其中有一个基本的假设始终贯穿其中：人类生活的重要方面会被词汇描述，并且由于该方面的重要性，我们会在生活中不停地变换词汇来形容该事物。

例如，人格中的诚实，我们会不停地变换方式来形容一个人的诚实，如忠诚、直接、老实、直率、真实、诚信、守诺等。通过这种方式，词汇学家将人格特质从词汇学的视角进行拆解，这成了研究人格特质的重要途径。这样的因素分析法最早开始于奥尔波特，他让助手将英语词典中所有描述人格差异的单词统计出来，并将这17853个单词进行整合归类，形成了4500个较为普世的形容词。但卡特尔认为这还是太多，于是从 4500 个单词中经过多轮的筛选和实验，最终选出了 35 个，进行因素分析。

1949 年，费斯克对卡特尔的 35 个单词进行了实验，最终发现有 5 个因素总是出现在列表上，也就是我们所说的大五人格。接着为了验证大五人格的稳定性，心理学家对包括大学生和空军在内的 8 个样本进行了检测，同样发现了 5 个因素的存在，随后很多年的更大规模样本的施测发现，这 5 个因素同样稳定存在，至此，大五人格模型就成了西方心理学界公认的权威的人格特质模型。

大五人格的五项如下所述。

1. 开放性

开放性具有想象、审美、情感丰富、求异、创造、智能等特质。

这类人格特质主要集中在对事物的观察认知上，例如，艺术家就会对废墟残骸产生迥异于普通人的认知，他们会不停地发散思维，不断升华现实场景对他个人甚至其他人的影响。再比如有些工匠，需要到全国各地去游历、去经历，去看到不一样的东西，这样他才能不断有所创新，我们可以将之称为想象能力或者从不同事物中抽取共性、抽取美的能力。此外，一些心理咨询师、记者等都要感觉敏锐，情感丰富，并且能共情观察对象，他们在开放性这一点上的得分会显著高于普通个体。只有开放性较高的个体才能在这些对创造力和整合能力要求很高的地方，抓取到常人难以获得的经验和体悟。

2. 责任心

责任心包括胜任、公正、条理、尽职、成就、自律、谨慎、克制等特质。

责任心这一点特质，是指个体对事物的因果关系和相互影响的概括，这其中包括人们对事物的责任，如一位画家，他的责任就是用心创作出每一幅作品；一个诗人，就应该竭尽所能地去创作优美的诗歌；而一个农民的责任，就是将自己种植的作物培育好，直到收获的季节。这是人对物的责任，也就是我们常说的尽职尽责。责任心的另一种体现是人对人的责任，其中包括对自己的责任，也包括对他人的责任。一个责任心强的个体对自己的要求标准会很高，会注意到自己对他人的打扰，会要求自己尽力做到自己预设的标准，但是有时候可能也会产生责任扩散，导致自己对其他人的要求过高，这就是我们所说的严于律己且严于律人。

除此之外，责任心强的个体还会对他人有很强的责任感，他们往往充满正义感，对他人的评价谨慎而小心，生怕伤害到他人。例如，社会事件中见义勇为的人，大多是责任心强的个体，敢于仗义执言，对不公平事件勇敢发声的人也是责任心强的人。“宁鸣而死，不默而生”，这是很多责任心强的个体对生活的态度。

3. 外倾性

外倾性是指个体表现出的热情、社交、果断、活跃、冒险、乐观等特质。

外倾性更像是个体和他人相处过程中的一种友好特质，外倾性得分高的个体，多活泼热情、开朗大方，平时和朋友相处和睦，总是喜欢认识新的朋友和事物，在对待新鲜事物上也表现得更加开放和积极。例如，有些人是聚会中的“开心果”，乐于活跃气氛和调节人际关系，这样的个体很少会在生活中表现出较强的不适应感以及与他人发生较多的冲突矛盾，相反，他们的生活看起来总是积极向上的，充满乐观和阳光。但同样不可忽视的是，外倾性得分高的个体可能会面临人际关系混乱、刚愎自用、鲁莽冲动等问题。

4. 宜人性

宜人性是指个体具有的诸如信任、利他、直率、依从、谦虚、移情等特质。

宜人性高的个体和外倾性高的个体表面上来看行为表现类似，但实际上差别很大。例如，同样都是聚会中的“开心果”，外倾性高的个体表现得更像是一个领导者、一个组织者，而宜人性高的个体则更像是一个配合的参与者和跟从者。宜人性高的个体在人际关系交往中很少会表现出强烈的自我个性，因为过于鲜明的自我观念可能会导致自己和他人的沟通交流不畅，但过于强调他人的感受甚至完全不考虑自身的真实需求，则会扭曲自己的真实需求，反而不利于个体自身的发展。

5. 神经质

神经质是指个体难以平衡自己的焦虑、敌对、压抑、自我意识、冲动、脆弱等特质，即个体不具有保持情绪稳定的能力。

神经质反映的是个体的情感调节过程，反映个体体验消极情绪的倾向和情绪不稳定性。高神经质个体对外界的刺激反应比一般人强烈，对情绪的调节、应对能力比较差，经常处于一种不良的情绪状态下。同时，这些人的思维、决策，以及有效应对外部压力的能力比较差。相反，神经质维度得分低的人较少烦恼，较少情绪化，比较平静。高神经质的表现在青少年、儿童期间尤为常见，原因是青少年、儿童的前额叶皮层尚未发育完全，对自己情绪的控制能力较差，所以家长和老师总是能发现孩子有时候会很冲动、莫名其妙发脾气，这既是生理上不成熟的表现，也有可能是孩子的情绪稳定性较差。

每个因素下又有几个详细的子维度，下面我们做简要的介绍。

开放性的六个子维度分别是：想象力——想象力高的个体会有生动的想象和活跃的幻想生活，他们的想象不仅仅是对生活的逃避，更是一种有趣的创造。想象力得分较低者，他们的生活多单调乏味，将精力集中在手头的任务上。审美——审美能力高者对艺术和美有很深的理解，他们陶醉于诗歌、音乐等艺术活动中。他们可能不具备高品位，但对艺术更感兴趣，对艺术的理解也远超常人。审美得分较低者则对艺术不感兴趣。感受丰富——高分者能将自己的情绪表达清楚，并且能体会到更深的情绪状态，可以将不同的情绪区分开，能体会他人的情绪是积极还是消极；低分者则情绪迟钝压抑，不关注自己的情绪状态。新鲜感——高分者更愿意尝试不同的活动，去新的地方，吃不同的东西，体验不同的项目等，喜欢新奇的事物，喜欢多样性，即使是在熟悉的地方也希望获得不一样的体验；低分者则习惯单调重复的生活，不喜欢改变。思辨——体现的是个体的求知欲，高分者喜欢和人讨论、探讨，愿意去推理和探究事物的本来面目；低分者则更务实，不喜欢思维的辨析。价值观——高分者更喜欢挑战权威、传统，喜欢混乱、冲突和无序的状态，不愿意顺从和容忍；低分者则喜欢权威和规则带来的安全感，不会考虑权威和规则本身的合理性。

责任心的六个子维度分别是：能力——高分者对自己的能力有信心，做事高效且一丝不苟；低分者对自己的能力不自信，甚至连生活都不能很好地掌控。条理性——高分者能把自己的生活打理得井井有条，喜欢制订计划，按规则办事，做事精确高效且有条不紊；低分者没有计划和条理性，做事杂乱无章，行事冲动粗心。责任感——高分者按规矩办事，可以信赖；低分者散漫自由，不靠谱。追求成就——高分者以成功为导向，会被当作工作狂；低分者懒散悠闲。自律——高分者生活极其规律，有计划、有策略地生活；低分者做事容易半途而废，三分钟热度。审慎——高分者三思而后行，做事周到成熟；低分者冲动鲁莽，想到哪儿是哪儿。

外倾性的六个子维度分别是：热情——高分者喜欢周围的人，总是积极表达自己友好的情绪；低分者通常会被认为对人疏离。乐群性——高分者喜欢热闹的场合，性格开朗，有许多朋友；低分者避免人群，喜欢独处。独断性——高分者说话有说服力，支配性强，指挥他人能力强；低分者在人群中话少，谦逊而腼腆。活力——高分者充满精力，忙碌充实；低分者生活节奏慢，悠闲，从容不迫。寻求刺激——高分者喜欢冒险、刺激，需求新鲜感；低分者沉着冷静，不喜欢冒险。积极情绪——高分者容易感受到各种积极情绪，并容易保持积极情绪；低分者可能不太在乎积极情绪的影响或感受不到情绪。

宜人性的六个子维度分别是：信任——高分者认为他人是诚实、心怀善意的；低分者则愤世嫉俗，常常怀疑他人的用意。坦诚——高分者为人坦率真挚老实；低分者则倾向于通过奉承、诡辩和欺骗来操纵他人。利他——高分者主动关心他人的生活，并表现出慷慨和关心；低分者则以自我为中心，不愿卷入别人的麻烦中去。顺从——高分者往往尊重他人，并表现出顺从和宽恕；低分者会为了自己的目的去威胁他人，有过分的、固执的要求。谦虚——高分者不爱出风头；低分者总是傲慢自负。同理心——高分者能理解他人的需要；低分者更顽固，不受他人的影响。

神经质的六个子维度分别是：焦虑——高分者容易感受到危险和威胁，容易紧张不安、担忧恐惧；低分者则心态平稳放松。愤怒和敌意——高分者处于应激状态，随时可能爆发情绪；低分者相对稳定和平静。抑郁——高分者容易出现负面情绪，并且易受打击；低分者不容易感到悲伤，很少有遗弃感。自我意识——高分者对他人的评价过度在意，害怕被嘲笑，在社交场合里容易害羞和自卑；低分者则镇定自信，不容易紧张和害羞。冲动型——高分者性子急，不容易压抑自己；低分者自控能力强。脆弱性——高分者面对压力容易恐慌无助，很难应对压力；低分者面对压力常能感到平静自信。

送给家长的教养策略

1. 构建大五人格雷达图

在此基础上，家长就可以判断自己的孩子在各项特质上的得分究竟为多少，形成一张雷达图，对孩子的能力进行综合评估。要提醒家长的一点是，孩子在外倾性、宜人性、责任心和开放性上的得分高低并不会影响孩子的未来发展，无非是方向的不同罢了，但神经质因素上的得分很大程度上会预测孩子未来是否会出现社会适应不良的问题。

神经质层面的得分既和家长的教育相关，也和母子互动相关。有研究表明，母亲情绪稳定性差的孩子在神经质方面的得分会更高。另外，还有研究发现，童年资源稀缺的个体也更可能有更高的神经质得分。

之前很火的节目《令人心动的 offer》就很能体现大五人格对个人性格刻画的全面性。节目中每个出场嘉宾的性格都极为鲜明，而且每个嘉宾给人的初印象和他之后在节目中的表现相比，都只是冰山一角，每个人后续的表现，无论是谈吐还是做事，不管是好还是坏，展现出的形象都更加丰富立体，从而给人留下深刻的印象。因此，家长在教育孩子过程中，不应该只看到孩子的优点或缺点，应该全方面地看待孩子的性格全貌，以保证孩子不会被武断地判断和瞎指挥。

2. 给孩子一个良好的童年经历

为了避免孩子的社会适应不良，家长一定要尽量保证孩子能有一个幸福的童年。只有在物质生活稳定、家庭关系和睦的环境中成长起来的孩子，才有可能避免严重的心理问题。

这一点特别要请一些婚姻关系不好的家长重视起来，父母的婚姻质量对教育的影响也很大，有研究表明，貌合神离的婚姻对孩子的影响和离异、丧偶等家庭结构的影响相差无几。父母在孩子面前的压抑、克制、隐忍，彼此的冷漠，孩子是能感受到的。与其压抑和克制，不如离婚之后再好好教育孩子，这样明确的关系对孩子的教育反而有好处。其他例如父母照料粗心导致孩子被拐卖、被伤害等，这样的经历都可能导致孩子产生心理问题，甚至社会化不良，家长一定要注意。

进化心理学认为，童年经历动荡不安、资源稀缺的个体，在青少年晚期和成年期会表现出更强的冒险行为，包括尝试犯罪和侵犯。因此，家长要想教育好自己的孩子，一定要为孩子创设一个良好的童年环境。

第 3 节　价值观念：儿童青少年行为的原始驱力

心理学家一直在尝试探究的一个问题是：个体的生活成就会受到哪些心理因素的影响。一般来说，个体的个人特质我们称为人格，人格包含方方面面，其中最主要的是性格，我们常听人说“性格决定命运，细节决定成败”。性格对命运的决定是一种惯性力量，我们大概能够预测某一种性格的人在面临选择时的选择倾向，因为一个人的性格可以反映其价值观，而价值观最终会决定一个人的选择。

所谓价值观，是基于人的一定的思维感官之上而做出的认知、理解、判断或抉择，也就是人认定事物、辨定是非的一种思维或取向，从而体现出人、事、物一定的价值或作用。在阶级社会中，不同阶级有不同的价值观念。

斯普兰格的理想价值观

价值观具有定性和持久性、历史性与选择性、主观性的特点。价值观对动机有导向的作用，同时反映人们的认知和需求状况。关于价值观的研究最早同样开始于社会心理学之父——奥尔波特。在奥尔波特前期探测的基础上，后人得出了不同的价值观理论，目前来说，比较公认的是斯普兰格的理想价值观理论。

斯普兰格将个体的追求、价值标准、善恶界限作为价值观分类的标准，通过广泛收集资料，旁征博引，将所有的价值观整合归类为六种：理论价值、宗教价值、社会价值、审美价值、实用价值和政治价值。

1. 理论价值

理论价值又可以称为认知价值，是指个体更倾向于追求万事万物运行的规律，研究世界真理的愿望。正如孔子所言："朝闻道，夕死可矣。"追求理论价值的个体推崇求知欲，喜欢从具体的人、事、物中通过观察和总结提取出规律。明白道理本身对于持有理论价值观的人来说就是最大的快乐。

2. 宗教价值

宗教价值是一种追求超验感受、精神寄托，并渴望获得超凡脱俗感受的价值观。这种价值观在宗教教徒中更加普遍和常见，因此被称为宗教价值。宗教价值追求的是一种超验的感受。所谓超验，是指我们对超脱日常生活的一种思考：我们为什么要工作？我们忙碌的意义是什么？我存在的意义是什么？我们不能从日常生活中得到这些问题的答案，因此我们需要在超脱日常生活经验的地方去获得答案，这就是超验的状态。

宗教价值所推崇的超验状态，不仅在宗教中得以体现，在某些特殊文化背景下同样能获得类似的体验。例如，一些狂热的粉丝在追星时，为了获得追星带来的快感，会热烈追求明星所拥有或使用过的一些物品，如詹姆斯用过的篮球、成龙戴过的发带等。

3. 社会价值

社会价值是指个体能关注到其他人的生活，关注健全的人际关系，关注社会福利、道德问题等。这是一种较为高级的价值观取向，常见于一些社会工作者和公益项目发起者身上。“助人为乐”是社会价值的最好概括。持有社会价值取向的个体能够从为他人服务中获得快乐、荣誉。这样的个体追求的就是社会价值。

4. 审美价值

审美价值是指从事物身上获得美的感受，以此实现自己对生活意义的追求。这样的个体认为艺术作品是一种美，风景是一种美，花鸟鱼虫、世事变迁都是一种美。持有这样观点的个体一般和现实脱节比较严重，很容易陷在自己的小世界里，因此，他们有时候需要体验日常生活和市井烟火，才能弥补自己的一些认知局限。

5. 实用价值

持有实用价值观的个体更加务实和功利，对效用、收益、性价比、耗费比较等更加在意，这在经济领域体现得更为深刻。经济学一直有一个非常理想的假设——经济人假设。也就是说，个体总是处于自我利益最大化状态，总是自利的，甚至为了自身利益不惜损害他人的利益。这种假设就是实用价值观的代表，很多人都处于实用价值观和其他价值观的混合状态中。

6. 政治价值

政治价值又被称为“权力价值”，是指个体在人与人之间的相互管理、支配、组织协调中获得自己的意义。但政治价值的权力是广义的权力，是指个体在与他人的互动关系中获得了一种或从属或支配的快感。例如，司乘人员和乘客的关系，父母和孩子的关系，医生和病人的关系，等等，这些都构成所谓政治价值。政治价值的核心是组织、协调和动员工作能落到实处，这样个体才能获得自己生活的意义。

上述六种价值观组成彼此对立的三组。

理论价值和审美价值都是用来衡量外在事物在内心世界的投射价值，理论价值侧重于关注外在事物本来的面目；审美价值则更在乎事物带给人的美感。前者是理性的代表，后者则是感性的代表。理论价值观的产物是论文、科研成果，审美价值观的产物是艺术作品。

宗教价值和实用价值也构成一组相互对立的价值观，它们都是在考虑衡量物质财富或行为的价值。前者对外在的财富更加无感，强调个体的主观感受，以否定世俗为实现自己价值观的标准；后者则鼓励人们追求财富，追求成功，更在乎个体的财富积累，成功与否。

政治价值和社会价值都是针对人们处理人、事、物矛盾的价值观。前者鼓励人们分清主次，发扬团队精神，服从规则和权威；后者则要求人们更在乎整体的利益，无论个体处于怎样的矛盾中，首先要做的事是顾及每个人的人性。

送给家长的教养策略

了解了上述价值观之后，家长应该通过观察和实践去了解自己孩子的价值观取向。

1．了解孩子的兴趣爱好后鼓励孩子发展

我并不赞成家长根据自己的经验主观地为孩子选择一条道路或者自己做主决定孩子去做什么事情，原因是孩子的人生应该独属于他自己，其他人或者事物，能做的只是帮助他更理解自己，去了解自己的真实需求。所以家长对孩子的教育、矫正，最多以助推为手段，任何强制的手段都会损害孩子自由成长的可能性。

因此，家长首先需要足够谨慎和明晰，孩子这样的价值观取向究竟是在家长的影响下形成的还是先天如此，此外，除非孩子的价值观有问题，例如，过度自利和功利可能对未来的发展不利，或者可能引起非常严重的心理问题，不然没有必要强行改变孩子的价值观。天性，是孩子身上最珍贵的特性，也是孩子最好的导师。

很多喜欢做研究的学生会有理论价值的取向，他们求真务实、不怕困难，但也有另外一些学生可能就比较喜欢轻松的学习氛围，更喜欢享受生活而非埋头研究，这是秉持两种价值观的人，因而有不同表现。但并不代表两种人谁优谁劣，而是各有所长。

价值观在一定程度上会体现在个人的兴趣爱好上，所以家长要和孩子多沟通交流，为其培养合适的兴趣爱好。例如，性格安静、喜欢看漫画书的孩子，那培养她学画画，今后当一个画家或者美术老师对她来说更合适，但要是父母非要逼她从商，那她的

心理状态可能就需要不停地被调试。价值观决定了她散淡的个性，这种情况下要强求她做自己不喜欢的事，对她来说并不快乐。

2. 一定要从长远发展的眼光来看待孩子的教育

很多家长很容易陷入一时成败的比较中，例如，孩子期末考第一了吗？考过邻居家小孩了吗？但教育的作用需要较为长期的时间才能显现出来，尤其对价值观的教育，是孩子受益终生的教育，虽然短期内可能没有什么效果，但长期来看意义非凡。

举个反例，曾有一个孩子有占小便宜、小偷小摸的习惯，家长并不管他，甚至鼓励他去占小便宜。因为家里穷，有时候孩子饿得受不了只好去农田里偷东西吃，结果有一次他去偷吃玉米的时候，农田里刚打了农药，他中毒严重。虽然最后抢救及时他活下来了，但一直神志不清。在这个例子中，对生存的渴望扭曲了他的价值观，并且就此影响了他的一生。家长要做的就是避免这样被迫的价值观抉择，把选择还给孩子，给他一个光明的未来。

第 4 节　性格和职业：找到最合适的生活

人们常说，“女怕嫁错郎，男怕入错行”。对于个体来说，职业选择是一项非常重要的人生抉择。马克思在《资本论》中所言，“钱货交易是惊险的一跃”。而对于个体而言，将自己的价值和工作岗位相匹配，也是惊险的一跃。成功了，个体的未来发展将一帆风顺，工资待遇也节节升高；失败了，一方面会导致个体不自信，怀疑自己的社会化能力，另一方面会导致个体丧失大量的机会成本。

孩子的择业问题，对于整个家庭来说都是一个非常重要的问题，那给孩子怎样的意见能帮助他找到更心仪、更匹配的工作呢？这是所有家长都会思考的问题。

本节将从性格和职业发展规划的角度来引导家长对孩子未来的职业生涯发展有更具体的了解。

从公交车司机看性格特点

曾有一期很火的 TED 演讲，讲一个中国人在美国街头做拥抱实验，他第一天的挑战是向纽约的公交车司机要一个拥抱。在美国人的文化情境中，纽约是一个人情冷漠、人人脾气暴躁且不好说话的地方，而纽约的卡车司机和公交车司机常年行驶在这样的环境中，脾气更加坏，更不好说话，但实验者的要求竟然获得了积极的反馈。

对于实验的结果我们并不关注，但很有意思的一点在于，大家对于实验者对公交车司机的形容都很认同并且好像事实就是这样的。我们回顾国内对于公交车司机的报道。近些年来，对于公交车司机的评价好了很多，尤其是一些公交车司机见义勇为的事迹被报道之后，公众关于公交车司机的抱怨少了很多。但在多年前，甚至是现在有些地方，人们对于公交车司机的印象依旧是——他们总是横冲直撞，冲动易怒。为什么公交车司机会有这样一种状态呢?

首先是因为公交车司机每天会面临形形色色的人。上班迟到的、不停询问时间的、没赶上车骂司机的、非要中途下车的，各色人的唯一共同点就是希望违反公交公司的规则，让自己得利，却从未考虑公交车司机的难处。这样的事情遇到得多了，司机内心自然极其不耐烦。

其次是行车环境。国内很多司机有“路怒症”，别车、超车非常常见，甚至摇下车窗破口大骂、堵车斗殴的都有。公交车司机要面临的行车环境实在恶劣。再加上公交到站的时间一般都有规定，堵车或者被人加塞儿都会让司机非常上火。

最后就是公交车司机的生活作息非常不规律。有时候要开一整天车，一坐就是一天，休息的时间少，吃饭的时间都挤不出来，甚至有时候还得帮忙顶晚班。这样一来，公交车司机的情绪自然不会很好。

从公交车司机的例子中我们就可以看出，每个行业都会有适合其行业的性格特点，或者至少是有些性格是不适合某些行业的。

例如，公交车司机的性格就不能柔柔弱弱、优柔寡断；太热情积极、宜人性强也不行，你光顾着聊天，不专心开车也不行；脾气太急躁就更不行了，因为公交车司机还要能消化乘客带来的负面情绪，顶得住生活作息不规律的负面效果。所以说公交车司机的脾气不好是有原因的，同样地，公交车司机少有女性和看起来白净的年轻人也是有原因的。

从心理学的角度来看，个体职业选择和个体的价值观息息相关。格雷夫斯将企业员工的价值观分为七个等级：第一级，反应型。这种类型的人并不能意识到自己和周围的人类是作为人类而存在的。他们照着自己基本的生理需求做出反应，而不顾其他任何条件。第二级，部落型。这种类型的人依赖他人，习惯服从于传统习惯和权势。第三极，自我中心型。这种类型的人信仰个人主义、功利主义，爱挑衅，服从于权力。第四级，坚持己见型。这种类型的人对模棱两可的意见不能容忍，很难接受不同的价值观，希望别人可以接受他们的价值观。第五级，玩弄权术型。这种类型的人通过摆弄别人、篡改事实，以达到个人目的，非常现实，总是积极争取地位和社会影响。第六级，社交中心型。这种类型的人把被人喜爱和与人善处看得比自己的发展更重要，受现实主义、权力主义和坚持己见者的排斥。第七级，存在主义型。这种类型的人能高度容忍模糊不清的意见和不同的观点，对制度和方针的僵化、权力的强制使用，敢于直言。

经过长期对企业员工的调查，研究者发现，大部分企业员工的价值观处于第四和第五等级，只有经过长年工作之后，个体的价值观才会突破至第六和第七等级，这其中还有一部分退休员工未被统计进来。

通过这个案例我们可以了解到，个体的职业选择规划和个体的性格、价值观以及更综合的人格有着密不可分的联系。[1]

斯普兰格认为，现实型人格的个体更适合从事各类工程技术工作。这类工作通常需要运用工具或操作机械，如石油工程、资源勘察工程、地质工程、矿物资源工程、地下水科学与工程、冶金工程、数学与应用数学、信息与计算科学、数理基础科学、物理学、应用物理学、声学、核物理、化学、应用化学、化学生物学、分子科学与工程、生物科学等。

研究型人格更适合从事科学研究和科学实验工作，如基础医学、卫生检验、营养学、种子科学与工程、水土保持与荒漠化防治、野生动物与自然保护区管理、动物药学、动物医学、森林资源保护与游憩、应用生物科学、信息工程、软件工程、网络工程、广播电视工程、光电信息工程、电力工程与管理、水资源与海洋工程、水质科学与技术、环境监察等。

艺术型人格适合从事各种艺术创造工作。推荐从事的行业有音乐类的音乐表演、作曲与作曲技术理论、音乐学、音乐教育；美术类的绘画、美术学、美术教育、艺术设计学、书法、艺术设计、摄影、戏剧影视美术设计、动画、服装设计、戏剧影视美术设计；舞蹈类的舞蹈表演、舞蹈编导、戏剧影视、文学广电、影视；戏剧类的播音与主持艺术、广播电视编导、录音艺术、摄影摄像、影视照明、电视节目制作、表演、导演、戏剧学等。

社会型人格的个体可能更合适从事各种直接为他人服务的工

1 [德] 斯普兰格 . 生活方式 [M]. 北京：北京师范大学出版社，2016.

作，如教育学、特殊教育、小学教育、人文教育、学前教育、教育技术学、科学教育、园艺教育、林木生产教育、管理科学、工业工程、工程造价、产品质量工程、财务管理、工程管理、工商管理、会计学、人力资源管理等。

企业型人格可能适合从事组织与影响他人共同完成组织目标的工作，包括经济学、企业管理学、财政学、国民经济管理、保险、金融工程、信用管理、金融数学、国际经济与贸易、贸易经济、环境经济、网络经济学、税务等。

传统型人格可能适合从事公共关系学、公共政策学、公共管理、会展经济与管理、航运管理、公共事业管理、土地资源管理、城市管理、体育产业管理、档案学、图书馆学、农林经济管理、信息资源管理、行政管理等工作。

送给家长的教养策略

1. 利用测试了解孩子的价值观

有学者在斯普兰格的价值观基础上开发了 MBTI 职业性格测试，共有 128 道题，为家长测试孩子的价值观和职业性格提供了很好的测量工具。家长可以根据这一工具帮助孩子选择自己感兴趣的、合适的职业，并以此为中心，帮助孩子构建自己的职业生涯发展规划。

有个很好的例子就是斯坦利对天才儿童的追踪研究。斯坦利使用量表测试了儿童的智商之后，一直追踪调查测量筛选的 1000 名高智商儿童，50 年后，他们大多在各行各业取得了成功，尤其是那些从事自己所喜欢的职业的个体，他们看起来更年轻、更快乐。所以他们让孩子做价值观测试是很有必要的。

2. 因材施教

家长在教育孩子时不能以经济优势为唯一的价值导向，并因此强迫孩子学习不喜欢的课程、从事不适合的事业，而应充分考虑到孩子的兴趣和性格偏向，引导孩子从事其感兴趣且适宜的事业。否则，孩子的个性和价值观就会被抹杀，长此以往孩子的为人会变得麻木，形成很严重的心理健康问题。有时候和钱比起来，孩子的心情是否愉快才是家长应该考虑的重点。

兴趣是孩子最好的老师，在具体教育孩子的过程中，家长应因材施教，做好个性化、有区分的教育。例如，家里有两个孩子，可能表现得各不相同，如果家长只是简单地一视同仁，甚至过度关注年龄更大的孩子，就会带来很多问题。

阿德勒认为，二胎孩子会对关注更加敏感和渴望，性格也可能更加敏感，如果不能公平对待每个孩子，或者不能按照孩子的性格采取适宜的对待方式，孩子可能就会钻牛角尖、生闷气。因此，家长在具体教育过程中一定要注意因材施教，教育有方。

小 结

性格决定命运，本章通过讲述个体的人格特质、性格特征再到价值观取向，向读者展现了心理学目前对于个体性格特征的研究。严格来说，本章管教意味并不浓，而是给家长以建议，让家长根据自己孩子的性格特征、兴趣爱好，帮助孩子选择适合于她/他的生活方式，这是家庭教育对孩子最好的培养。如果家长只是根据自己的经验，草率地为孩子做决定，那么孩子青春期的叛逆会导致家长的教育功亏一篑，甚至朝着自己不希望的方向渐行渐远。想要孩子拥有快乐的生活、健全的人格、健康的心理和成熟的社会化发展，家长就一定要从孩子的角度出发去考虑问题。

回顾整章，我们先介绍了学界中目前来说较为清晰的人格特质发展脉络，从奥尔波特的共同特质、个人特质、表面特质和根源特质，到卡特尔的四层理论模型，再到五因素模型和七因素模型说，学界对于人格特质的研究一直在发展。

接着，我们详细介绍了目前学界最为权威和公认的人格特质模型——大五人格模型，该模型的五个因素又分别下辖六个子维度因子，每个因子都有切实可行、可判断的行为特征，帮助大家据此分析判断自己的性格特征。在人格特质基础上我们讨论了价值观对人的影响，以及价值观的类型，通过斯普兰格和格雷夫斯的价值观类型说，我们可以发现，个体的价值观很大程度上影响了个体对生命、对人生的态度，这也是为什么我们要详细介绍价值观理论。

价值观很大程度上影响了个体的职业观，我们在第 4 节详细讲述了斯普兰格认为的不同性格、价值观的个体适合从事的职业。至此我们对于性格、人格、价值观以及它们对个体职业生涯规划的选择的讨论就结束了。

关于家长应如何帮助孩子进行自己的职业生涯规划这点，我们一直在强调，希望家长在充分尊重孩子自己的性格特点和兴趣爱好的基础上进行选择。

第六章

关于思维训练的积极教育

少年强，则国强。

导 语

回顾整本书，我们都在围绕一个主题展开讨论——如何让孩子变得更好。

第一章我们讲述了关键期和能力发展的过程性变化，希望家长能从中找到帮助孩子快速成长的启发点。我们介绍了语言能力的获得、行为的习得、概念的形成、智力的发展等，这些我们统称为能力，但我们并未对个体如何调用这些能力，如何去加工信息进行介绍，这种加工信息的能力，就是思维。

思维是依托于人类大脑和社会经验，逐渐培养形成的能力特征。思维最大的功能特点是整合，整合所有信息、所有能力，整合知识、语言、概念以及复杂的人际关系。思维是个体主观能动性的体验。

思维的运用是一个连贯的过程，首先思维借助于语言、表象和动作，通过想象、推理等认知操纵来实现，人们会对脑海中的长时记忆的经验知识和外界输入的信息进行分析、综合、比较、抽象和概括。思维是整个大脑的功能，特别是大脑皮层的功能。思维会在人脑中加工出新的概念，以便促进问题的解决。问题解决会受到包括个体采用的策略、拥有的知识、知识的组织方式、情绪、动机、功能固着、人际关系等的影响。

本章会通过三节内容将思维介绍清楚。第 1 节我们会简述思维的具体概念，以及一些与思维相关的概念、因素、理论以及思维组成部分。第 2 节我们会详细叙述影响思维能力的因素，以及家长如何从这些方面入手，帮助孩子形成良好的思维习惯。第 3 节我们会在思维能力的运用、思维能力的种类上做介绍，为家长更好地理解思维为何物做充分的解释。

本章的内容相对来说更加精深，也更加详细，但了解孩子的思维发展对广大家长及各类教育者来说是极其有必要的，因此，希望各位读者能沉下心来，仔细阅读。

第 1 节　思维训练：学习能力的核心

人类和动物的区别是什么？对于这个问题每个人都会有不同的答案：人有思想，人会学习，人有情绪，人能利用工具，人懂得团队合作，人有灵魂，人能使用火，人能形成文字，人可以认识事物，等等。这其中有的观点是正确的，有的观点是不正确的。但不可否认的一点是，所有人也都认可——人懂得学习，人能思考——这一点是人迥异于其他动物的一种本质特征。

人体是很脆弱的，正如前文论述进化心理学时我们所表述的，人在生命早期没有任何自我保护的能力。人类个体极其脆弱，在野外自然环境中，人类幼儿的死亡率极高，但人类具有其他动物所不具有的潜力，那就是学习——学习使用工具，学习获得食物，学习利用外界事物抵御危险，保护自己。所以虽然人类个体极其脆弱，幼儿死亡的风险也更大，但最终在漫长的进化过程中，人类逐渐摆脱物种本身的限制，称为地球的“霸主”，其背后的本质原因，正是人类善于学习。

学习是什么？从过程来说，是利用自己的经验和现有条件，通过思考的方式进行整合和成长。思考的过程中我们使用的主观概念，就是本节我们要详细介绍的一个概念——思维。

什么是思维

心理学是这样界定思维的：思维是借助语言、表象或动作实现的、对客观事物概括的和间接的认知，是认知的高级形式。它能揭示事物的本质特征和内部联系，并主要表现在概念形成和问题解决的活动中。

思维从语言、表象和动作中提取出来，并借助这三者实现的一种高级认知。语言和动作是人行为的主要方式，表象则是个体在头脑中形成的关于事物的形象。例如，面前的苹果是一个客观实在的物体，而人脑中对该物体的印象可能是，这是一个廉价的、常见的苹果，已经放了两天，味道没有花牛苹果好吃，没有红富士苹果甜，个头倒是很大。小孩子可能会想，这个苹果和我昨天吃的那个一模一样，但味道不太好，今天我不想再吃这样的苹果了。

由此可见，表象在人脑中是以具体生动的形象出现的，因而具有直观性。表象既是对现实事物的表现，但同时也是对这类事物的一个总括性的表征，因此具有概括性。表象作为人脑中的形象，会伴随人的认知而不断地发展和加工，因而我们说表象具有可加工性。

表象的存在为概念的形成提供了感性基础。例如，我们对苹果的理解，刚开始我们看到的只是一个普通的苹果，滋味单薄，个头小，口感脆，此时，我们对所有苹果的感觉都是如此。但伴随我们吃过、见过的苹果逐渐增多，如花牛苹果、甘肃平凉苹果、静宁苹果、新疆阿克苏红富士苹果等，我们吃的苹果种类越多，我们对苹果的理解程度就会越深。我们会意识到，自身对苹果的评估包含口感、口味、水分、个头、色泽等多个属性和侧面的差异，我们对于苹果的概念越来越清晰，同时这也锻炼了我们对事物概念的概括性认知和提取的能力。

此外，我们对于表象的深化认知，有利于促进问题的解决。还是以苹果为例，孩子口渴，希望找些水喝，但现在面前只有一个苹果，问题该如何解决呢？当孩子对苹果有足够的了解时，他会意识到苹果中包含的水分同样可以缓解自己的口渴，问题就解决了。

对表象的加工除了对事物的认知和理解增加，还有一种方式：想象。想象是对头脑中已有的表象进行加工改造，形成新形象的过程。例如，孩子看多了《西游记》，就会把棍子想象成金箍棒，把树叶想象成妖怪，然后一通乱打。

想象和思维有着密切的联系，同属于高级认知过程。当人们面临问题情景时，头脑中会存在两种超前系统：形象系统和概念系统。对这二者的加工和整合被称为思维，而想象的作用就是跳过某些思维阶段，构成事物的新形象。例如，莱特兄弟在发明飞机之前，人们想象自己可以像鸟一样飞翔。正是这样的想象促进了人们的思维发展，并最终找到了征服天空的办法。

想象有助于思维的扩展，一方面，想象有预见作用，为思维的发展提供了方向；另一方面，想象有补充知识经验的作用。在实际生活中人们很难见识所有书上写的东西，例如，孩子可能一辈子都不会见到野外的老虎，但他们对老虎的认知一样形象生动，原因是个体能通过文字认识到事物的准确性。此外，想象还具有代替的作用，当人们的需要无法被满足时，想象有助于人们获得体验，例如，孩子通过想象体会成为奥特曼的感觉。

人们会通过黏合不同的概念，夸张事物的某些突出特点，将事物的典型特点提取出来重新组织，以及联想等方式来创造新的想象。不同的想象对个体思维能力，尤其是后文要介绍的发散性思维具有很强的锻炼作用。

思维的加工会将表象加工为概念。所谓概念，是指人脑对客观事物本质特征的认知。例如，孩子在什么都不知道的情况下，如何认识火呢？有人会形容火是红的、闪光的、很热，有人会指着火给孩子看，但这些都不是火的本质特征。尤其对孩子来说，让孩子认识火最好的方式是引导孩子靠近火源，当孩子感觉到温度很高，自己不能接受时，关于火的概念自然就形成了。

概念的获得方式除了直接的体验，另一种就是推理，推理是一种从具体事物中归纳出一般规律，或者根据一般原理推出新结论的思维活动。推理的方式主要是三段论，其依据是逻辑。关于逻辑思维的训练是一个持续培养和学习的过程，这需要家长在日常生活中给孩子提供足够多的机会去锻炼和练习孩子的逻辑思维能力。

思维活动的最终目的是解决问题。问题解决是由一定情境引起的，按照一定的目标，应用各种认知活动、技能，经过一系列思维操作，使问题得以解决的过程。从这个定义中我们可以发现，问题解决的重点是思维操作。思维操作是解决问题的核心。

综上所述，我们可以知道，思维是建立在表象、语言、动作基础上，通过加工脑海中的表象、想象和概念，最终整合自己的认知结构，以帮助问题解决的过程。

理解了思维的本质后，我们应该注意到，思维的养成、改进，同样是儿童、青少年应该努力习得，并不断改进的重要能力。思维的锻炼并不像语言和认知概念那样容易，它涉及的东西更多、内容更广、过程更复杂，互动的对象也更加多元多样，家长可能不会注意到自己的孩子还需要这样的锻炼。

但思维的锻炼又是必需的，家长要如何帮助孩子锻炼自己的思维呢？

送给家长的教养策略

1. 给孩子创造逻辑思维表达的机会

首先家长要有意地去锻炼孩子的思维，例如，晚饭时和孩子就最近的新闻进行讨论，对学校发生的大小事件进行分析。家长要刻意给孩子创造逻辑思维表达的机会。

2. 锻炼孩子的想象力

锻炼想象力的一个很好的方式是搭积木，孩子脑海中可以构建无数个建筑形象，并将其摆出来，这样的及时反馈对想象力的训练是事半功倍的。

3. 为孩子准备合适的阅读内容

家长要给孩子准备合适的学习材料，如《小故事大道理》《十万个为什么》等益智类图书，这类图书有利于孩子逻辑思辨能力的养成，对于锻炼思维能力更是很有帮助。还可以多帮助孩子表达自己的观念，这对于孩子自信品格的养成也十分有益。

4. 督促孩子进行思维训练

家长还要做的一点就是督促孩子进行思维训练。有时候，孩子的思维能力形成了，但很少应用，也会逐渐生疏，因此家长要时刻注意孩子可能用到思维能力的地方，多给孩子表现的机会。

行百里者半九十。不监督，孩子很容易做事三分钟热度，打退堂鼓。因此，家长应该抓住一切机会，有意无意地锻炼孩子的思维能力，例如，在孩子每次吃饭前，家长让孩子猜今天吃什么以及他为什么这么猜，这样孩子很快就能表述清楚今天要吃什么，而且说得有理有据，比如今天买了青菜，家里还有一些腊肉，所以今天妈妈炒了腊肉青菜，等等。刚开始，孩子可能还只是很简单地进行推测，等经过一段时间的锻炼后，孩子便能猜出炒了几个菜，为什么炒这几个，并给出合理建议。由此可见，锻炼对于思维的重要性。

第 2 节　解决问题：授儿童青少年以渔

思维很重要，原因是思维在解决问题中具有举足轻重的作用。然而问题解决过程中会有很多影响因素，来阻碍思维的发散和拓展。了解问题解决的影响因素有利于我们解决问题，同样也有利于我们锻炼思维能力。

问题解决除了受思维本身的限制，思维的方式、策略，个体拥有的知识同样会影响到个体的问题解决。例如，数学测验上有一道超纲的题目，对该知识点完全不知道的孩子自然没办法解决该问题，对该问题有概念、有想法和有策略的孩子才有可能解决这一意外的问题。

此外，知识的表征方式同样会影响到问题的解决。我们在小学初中阶段会遇到很多"脑筋急转弯"式的问题，这些问题的解决上的阻碍或者说关键点就是知识的表征方式，这种类型的问题最终的答案可能出乎意料，但对于锻炼思维是极好的办法。

定势也会影响个体的问题解决进程。所谓定势是指重复先前的心理操作，所引起的对于问题解决的准备状态。例如孩子刚刚用一个一个数数的办法解决了一道数学问题，那么下一道代数运算的题他就会受到定势的阻碍。但有时候定势会帮助答题，例如，同样是用穷举法来解答的问题，上一道用到的穷举法会使得个体在解决这道题上更加轻松。

功能固着也会影响个体的思维能力。功能固着是指人们习惯将某项物品的功能固定，而不思考它可能存在的其他可能性。例如，我们常使用笔记本做笔记，但如果任务是使用笔记本和铅笔画出一个规则的三角形，有些人很快能利用笔记本的边缘做直尺画出来，而一部分固着过深的个体可能很难实现这样的操作。

动机也会影响个体的问题解决，人们对事物的态度和兴趣会影响到对该问题的解决。例如，初中时期，男孩子对物理的兴趣会促进他对难题的理解和解题速度，而对历史的不感兴趣可能会导致他在历史上的得分极差。

情绪也会影响个体思维的发散和加工。当个体处于极度恐惧和愤怒的状态中时，思维就很难调动个体的认知概念和想象，可能导致问题解决的失败，只有当个体处于专注以及积极的情绪状态中时，个体才能获得思维的成长。例如，边听音乐边做题的孩子可能作业完成得又快又好，而一边看电视一边写作业的孩子则相反。原因可能是后者花了太多的精力在电视上，导致自己的精神不够专注。

人际关系也会影响人的问题解决能力。有资源、有渠道的人总会有更多的办法去解决现实的问题，而人际关系紧张会导致个体的情绪变差，并不利于问题的解决。

我们举些例子来说明上述因素对个体思维的影响。一个朋友上小学的时候，学校有一次组织识字测验，方式就是让一个初中生带一个小学生来识字，那些字小学基本还没有教到，所以对大部分小学生而言，那堂课就好像听天书，但朋友小时候就喜欢看书，所以知识储备相对多一些，识字过程就很顺利，甚至令一些初中生也啧啧称赞。由此可见，知识数量的多寡同样会影响个体的问题解决能力。

策略对思维的影响更是显而易见。我国战国时期，孙膑和庞涓这一对师兄弟分别效忠于不同的国家。庞涓一心想超越自己的师弟，为此无所不用其极，他设计陷害孙膑，剜去了他的膝盖骨。庞涓的策略就是跟紧孙膑然后再想办法超过他。孙膑设法逃跑之后很快利用庞涓的这种策略制订了对策。孙膑设计将庞涓逼至一处山谷中，半夜发动袭击。庞涓大惊率队策马逃跑，至一处老树下，见树皮光洁，于是叫人举起火把看是怎么回事，却只见树身上写着：庞涓死于此树下。然后远处万箭齐发，将庞涓等人射死于树下。这就是策略对人思维的影响，庞涓利用策略占尽先机，但最后也因为这样的策略而死。

动机对思维的影响更是常见，如我国历史上著名的茶圣陆羽。陆羽从小就是个孤儿，被寺院的禅师养大，但他并不喜欢每日念经诵典，只喜欢看诗书经传。一日，陆羽执意下山求学，禅师不许，说除非陆羽能冲出好茶来。于是陆羽不断地钻研茶道，逐渐学会了苦丁茶的冲泡，下山之后更加努力地学习茶艺、茶理，最后写下了广为流传的《茶经》。

情绪对人思维的影响更是普遍，一个很常见的例证是考试时越紧张，越容易发挥失常，反而不能取得理想的成绩。

人际关系对问题解决的影响也是很大的，例如，马克·吐温早年尝试经商，结果赔了不少钱，是在朋友的劝说下才转行写作，并就此成为一代文豪。如果不是朋友的劝说以及帮他找渠道发售图书，马克·吐温可能一辈子就是一个郁郁不得志的小职员。

送给家长的教养策略

综合上述，我们知道情绪、人际关系、问题表征、知识、策略、动机等会对个体的思维加工能力产生影响。为了提高孩子的思维加工能力，家长可以从这几个方面入手，来着力改善孩子的思维习惯。

采用多元的问题表征形式以促进孩子发散思维、逆向思维的发展。

鼓励孩子汲取更多的知识，以帮助孩子理解问题。

帮助孩子形成健康的人际关系。

帮助孩子应对不合理情绪，形成健康稳定的心理。

培养孩子在各方面的兴趣，鼓励孩子多去尝试。

在这样的助力下，孩子的思维能力会得到扎实的锻炼，获得长足的进步。

第 3 节 思维方式：儿童青少年积极教育的本质

前文我们讲述了很多关于思维的问题，那么我们为什么要讲述思维能力的培养呢？这是为了解决现实的问题。

西蒙和纽厄尔将问题解决的过程表述为问题解决空间，解决问题的过程就是将问题从问题表述的初始状态转化为问题解决的最终状态的过程。问题解决的过程就是在问题空间里寻找一条合适的路径将问题从初始状态转化为最终状态。

思维能力就是我们寻找这条路径的关键。以玩《大富翁》游戏做比喻，其中问题是如何获得胜利，最终状态是获得全场最多的资产。为了成为胜利者，每个人都会想尽一切办法来获得更多的资产，而如何获得最多的资产，就是思维加工的问题了，有的人选择不停地盖房子，买地皮；有的人选择成为法官，到处罚款；还有的人打算依靠运气，看会不会天上掉馅饼。无论是采用哪种方法，都是思维加工的一种方式，但很明显有更优的那一种方法。

应用思维解决现实问题，不只是选择最优路径的问题，也是一个综合衡量个体的情商、智商、性格、人际关系等方方面面的考核。假设一个人只能想到自身问题的解决而不能考虑他人的看法，甚至为此损害他人的利益，这就会导致自己人际关系的崩塌。所谓的现实问题是将所有相关因素都考虑进来的，是一种复杂而多样的问题。

思维的应用是一个整合自己所有能力、性格、知识、策略等各方面的过程，尤其是应对现实问题时，三思而后行，是解决问题的首要准则，一味地求快贪全，不利于问题的解决，还有可能使问题更糟。要知道任何问题背后都有千丝万缕的联系，任何一点没有想到都有可能导致个体最终问题解决的失败，并引起一连串的不良反应，就好像多米诺骨牌似的。因此，在应用思维解决问题时，我们一定要足够谨慎。

思维的整个过程，概括来讲就是将存储在头脑中的知识经验和外界输入的信息进行分析、综合、比较、抽象、概括和整理的过程。所以思维本身并不判断对错和结果成功与否，在使用思维对事件进行分析时，我们一定要注意排除自己主观的想象和推论。

例如，家长在管教孩子的过程中，觉得打骂是正确的，觉得说教是正确的，觉得替孩子做主是正确的，这样的问题解决方式是家长自己的看法，是他们的思维整合的结果。但对于问题能否解决，思维没有一个定论 ，这就是为什么家长在管教过程中一定要处处谨慎。对于家长来说，问题是即时的，解决了就完了，但对于孩子的影响可能是终生的。

我们举些例子来说明如何应用思维来解决现实问题。其中很经典的一个例子是某公司的一道面试题：一头重 900 斤的牛要过河，桥只能承重 800 斤，问候选人该如何渡过河，前提是不能杀牛、不能拉长牛的体积等。听过最有趣的一个答案是把牛卖了，买一部某品牌手机过河，过了河把手机溢价卖出，再买一头体形大小和之前的牛差不多的交差。这很明显是个不严谨的答案，但考虑到是在华为面试，在这一现实情境中，这样的答案至少是个方向。

再比如，我们经常遇到的排水问题：往一个浴缸里灌水，灌水的速度是4L/min，但浴缸忘了盖紧，会以1L/min的速度漏水，浴缸容积约为100L，问多久才可以洗澡？一般人可能觉得这只是一个很简单的算术题，半个小时差不多就够了，但实际情况中可能就不能洗澡，原因是放的水如果后期是凉水，前期是热水，浴缸中水的水温肯定是不够的，再加上人洗澡并不需要浴缸完全装满水，还得考虑个体的体重……这些现实的问题如果不考虑进来，只是理论上纸上谈兵，答案自然不对。这就是理论思维和经验思维的差别了。

要想利用思维方式解决现实问题，最重要的一点是：模拟。例如，古代有战场推演的惯例，而且推演的各种考量因素和现实很符合，在推演过程中谋士会将可能的影响因素都考虑到位，这既是经验之谈，也是思维的一种考校，这就是多思虑者胜。

面对很多现实问题，我们也要有模拟思维。例如，高考前我们总会有模拟考试，考驾照的时候也会有模拟考场环境练习。所以家长一定要给孩子提供模拟环境，帮助其锻炼思维能力。例如，教孩子搭建一个宠物的房子，该买哪些材料，房屋结构是什么，如何搭建，等等，这些都可以让孩子自由发挥，畅所欲言，最后再实际操作。实践和理论模拟的结合才能真正促进孩子的思维成长。

送给家长的教养策略

1. 破除思维应用的误区

上述所有理论只是倡议，并不是赞同孩子随意破坏或者损坏物件，而是说让家长创造合适的环境，如一些陶艺体验、手工体验、花艺体验等，但破坏公园花草、损坏景区雕塑，这些可不是家长要创造的合适环境。对于孩子旺盛的探究欲望，家长要将其引导到正确合理的发泄方式上，而不是纵容孩子破坏别人的东西。“熊孩子”的产生，责任大部分在于不负责任的家长。

想要寓教于乐，用现实实验去锻炼孩子的思维，家长可以考虑给孩子报一些手工和机械课程，而不是让孩子到处胡闹。例如，华生实验室为了做建立联结的实验，曾将一个婴儿接触毛茸茸物体和巨大的声音联结在一起，最后给这个孩子造成了巨大的心理创伤，该实验室也因此被禁止做任何实验。这样随意地利用他人的生理反应，来验证自己的猜想，突破伦理道德，是思维应用的负面案例，只会导致社会秩序的崩坏。应用思维是一把双刃剑，用好了可以促进孩子的成长，为社会做贡献，用得不好，就会造成巨大的社会破坏，导致社会种种问题。

2. 创造思维应用的条件

思维应用重在应用，必须得到真实事件的检验，因此家长要尽可能给孩子创造思维应用的机会。例如，家里要换灯泡，没有高凳子该怎么办？需要搬柜子，但搬不动的情况下用现有工具如何达到目的？家长就可以带领孩子一起思考解决办法，给孩子思维锻炼的机会。

最常见的思维应用条件是模拟沙盘，在战争年代，军师或参谋就是在作战室用通过一定比例复制的沙盘来做军事推演的。现在这样的仿真模拟就更多了，电脑就可以做得更好、更逼真。无论是模拟山羊，模拟老虎，还是模拟驾驶飞机，电脑软件都能帮助人锻炼应用思维的能力。

这样常见的可以锻炼孩子思维能力的事件非常多，问题是家长能不能注意到这样的细节并尝试引导孩子锻炼自己的思维，这是思维应用的关键。

小 结

本章利用有限的篇幅介绍了思维的全过程，以及思维受到哪些因素的影响。重点是告知家长，孩子的成长过程是一个动态的、多元多水平的过程，对于一时的得失家长无须太过在意。对于孩子的管教，堵不如疏，这一点是非常重要的。对于孩子的不良习惯，要因势利导，通过引导和矫正来解决问题，千万不要随便压抑孩子，更不要直接阻断孩子和坏习惯的连接，因为那些被隐藏或压抑起来的需求，会以更具破坏性的模样卷土重来。

对孩子的教育也是一个思维发展的过程，所以我们的家长也一定要注意方式方法，选对策略，更多地阅读教育心理学、发展心理学、人格心理学和相关的教育类书籍。掌握更多的理论知识有助于启发家长的教育方法，促进家庭教育的完善。家长在和孩子互动交流的过程中切忌带着情绪交流，这就是书中所述的“踢猫效应”和转移的心理防御机制，将情绪转移给孩子是一种非常幼稚和不负责任的表现。

因此，家长一定要注意在和孩子交往的过程中保持中正平和，尤其是母亲，有很多研究表明，母亲对孩子的教育和性格的养成具有极强的预测作用，甚至可以预测个体晚年的伤残可能性。母亲的受教育程度、性格、修养和教育意识，对孩子来说非常关键，所以母亲在孩子面前要尽量保持积极的精神状态，保证孩子所受教育的完整性和健康性。

对孩子兴趣的培养也很重要，我非常反对将孩子送到各类兴趣班去强行培养孩子的兴趣，真正的兴趣应该是孩子自然而然形成的，是自己的一种爱好，自己想去了解学习而不是将其当成一种课外负担。

培养思维能力最重要的影响因素是知识，专家和新手最大的区别便在于他们拥有的知识量不同，新手组织知识的能力、方式少于专家，了解的知识更是远远少于专家，这就是为什么面对同样的问题，往往专家可以很快给出问题的应对措施，而新手却不能。

书籍对于家庭教育尤其重要，教育的第一步就是知识。对于孩子来说，读书就是获得知识最重要的方式，所以家长一定要给孩子读书的机会，无论是给孩子买书，还是带孩子去图书馆或书店借阅读书，总之要给孩子营造读书的环境，帮助孩子广泛地摄取知识。如果说性格决定命运，那么改变自己命运的第一步，就是知识。

后记

AFTERWORD

最后，我来对本书做一个总结。在写这块内容之前，我从未想过有一天自己会写一本十余万字的书，更没有想过，靠零碎时间写作积累能完成。我一直很忙，学业、工作、考试、晋升……但我几乎每天都会挤出一点时间来写作。一开始我觉得非常疲惫，但后来写书居然成了我放松身心的方式。

对内容的理解、看法，想要表达的观点，每一个都是真实的自我，也是我对教育的看法。

希望这本书能对读者帮助孩子有所启发，这会使我非常开心。